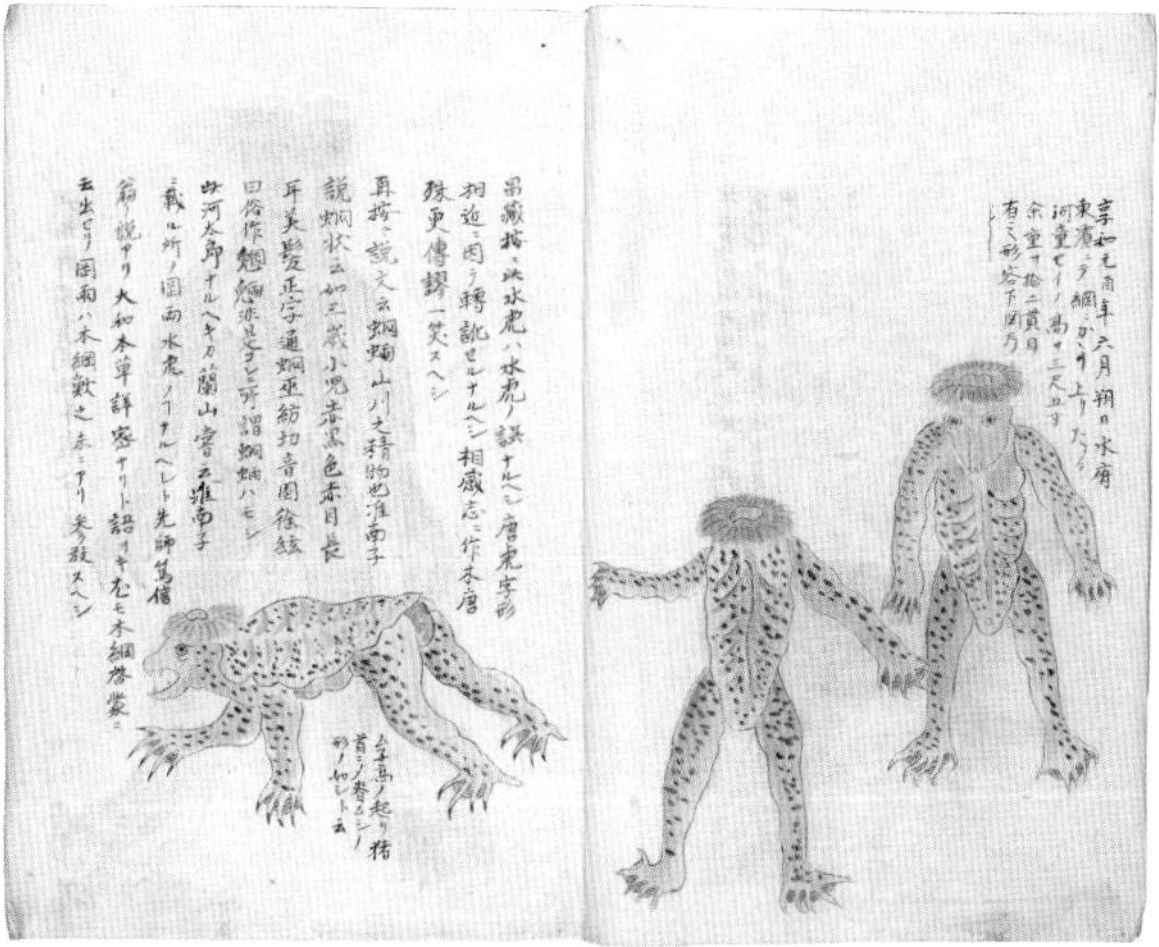

1．河童

河童は幻獣界の代表格だ。右は享和元（1801）年６月１日に水府（水戸）の東浜で網にかかった河童。頭頂は皿状で、水掻きがあり、甲羅があるようだ。大きさもちょうど子どもくらいで、私たちにも馴染みの深いポピュラーな河童像。左は亀のような姿をした河童が描かれているが、これは水虎と呼ばれるもの。（28ページ参照）

2．鬼

人々は鬼の存在を信じ、異形の生き物と認識していた。これは別府温泉の八幡地獄にあった鬼の骨を写した絵葉書。高さ一丈二尺（約3.6メートル）とあるので、相当大きなもののようだ。(46ページ参照)

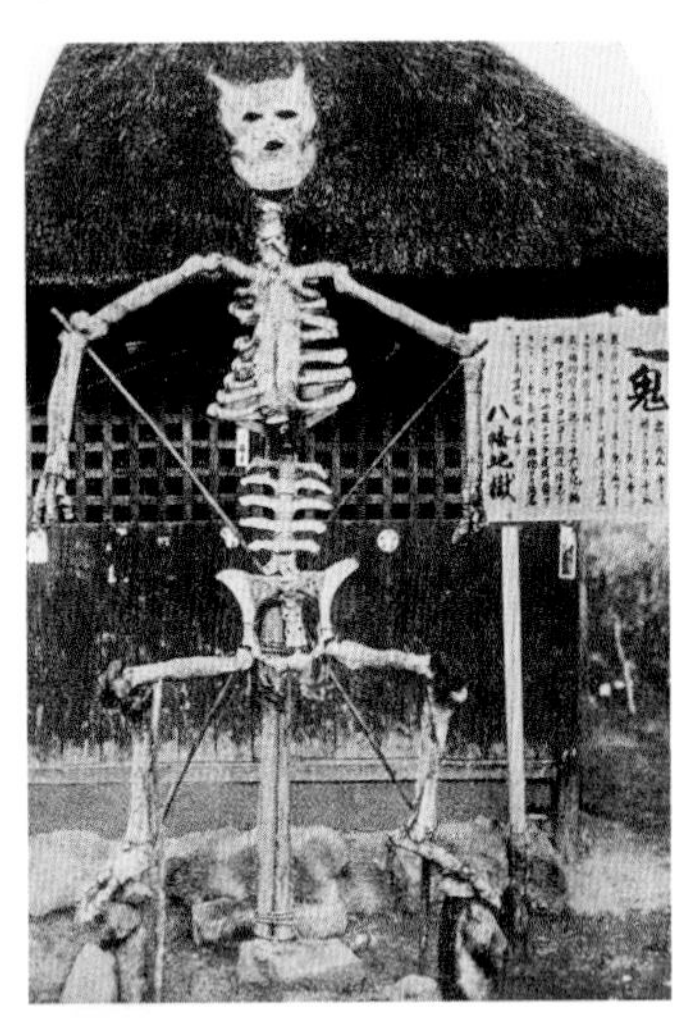

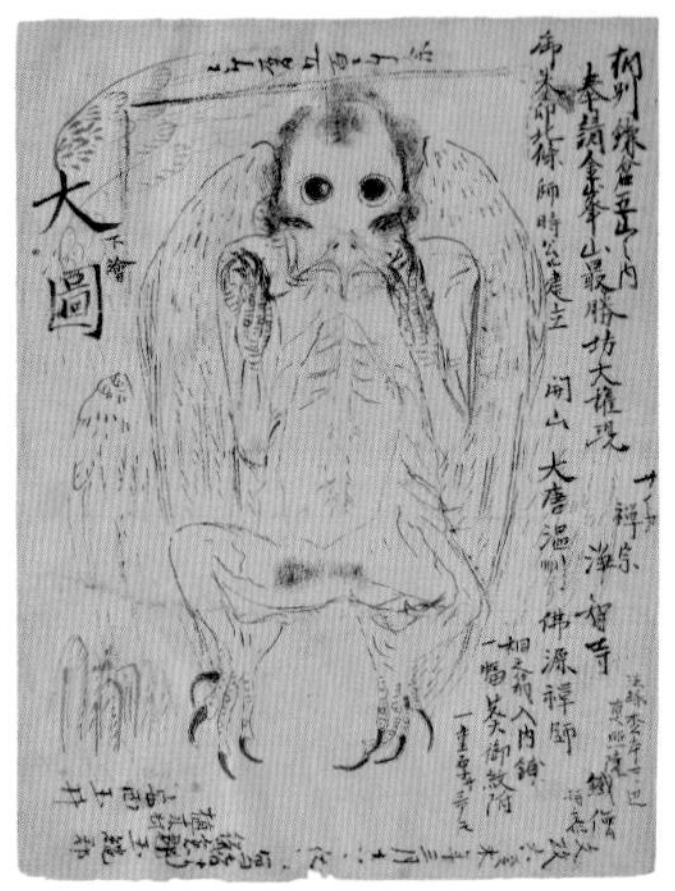

3．天狗

天狗は深山幽谷を住処とし、大天狗と烏天狗（小天狗）があり、いずれも山伏姿をしている。これは鎌倉の名刹浄智寺のものと思われ、宗教と深い関係がある遺物のようだ。(56ページ参照)

4．人魚
人間と魚が合体したような姿の幻獣。世界各地に言い伝えがある。“悪魚”とされる一方で、幸いをもたらす予言獣とされる場合もある。図は、宝暦7（1757）年4月に、越中国放生津周辺に出没した人魚。(67ページ参照)

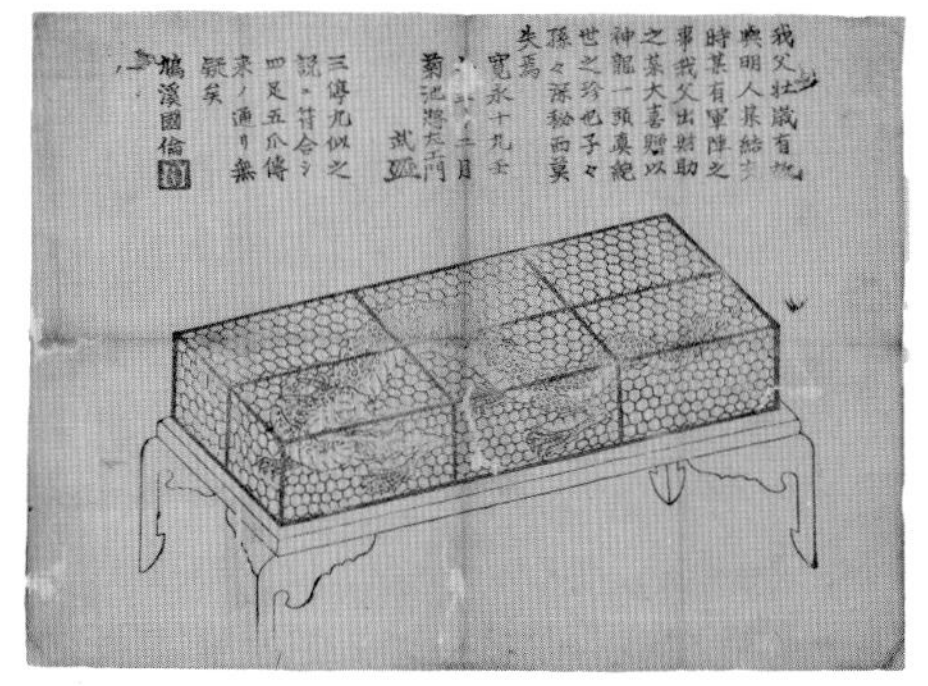

5．龍
頭は駱駝、頭頂は蛇、目は鬼、角は鹿、耳は牛、爪は鷹、掌は虎、腹は大蛇、鱗は鯉という特徴を持ち、あらゆる動物の頂点に立つ聖獣と考えられている。図は、中国からもたらされた龍のミイラを描いたもの。(73ページ参照)

6．雷獣

雷のときに空から落ちてくる幻獣のこと。姿形は決まっていない。これは、静岡県の旧家の蔵から発見された雷獣のミイラ。由緒は不明で、「雷獣」と墨書された和紙に包まれてみつかった。(79ページ参照)

7．予言獣

未来を予言する幻獣。ここに描かれたアマビコは四足の普通の動物のような格好をしている。熊本県に現れ、豊作と流行病を予言した。(116ページ参照)

8.「怪奇談絵詞」より
犬が産んだ幻獣

文章と絵でいくつもの怪奇談を収録した絵巻。黒色で、首輪もつけられているところみると飼い犬なのだろうが、目をひくのが大きな嘴である。(179ページ参照)

9.『姫国山海録』より
筑後深沢村の怪物

宝暦12(1762)年に書かれたと思われる。25種類の幻獣や妖虫などを収録。これは雉を追いかけていた幻獣で、人に出会うと風のように早く走って岩窟のなかに入ってしまったという。(190ページ参照)

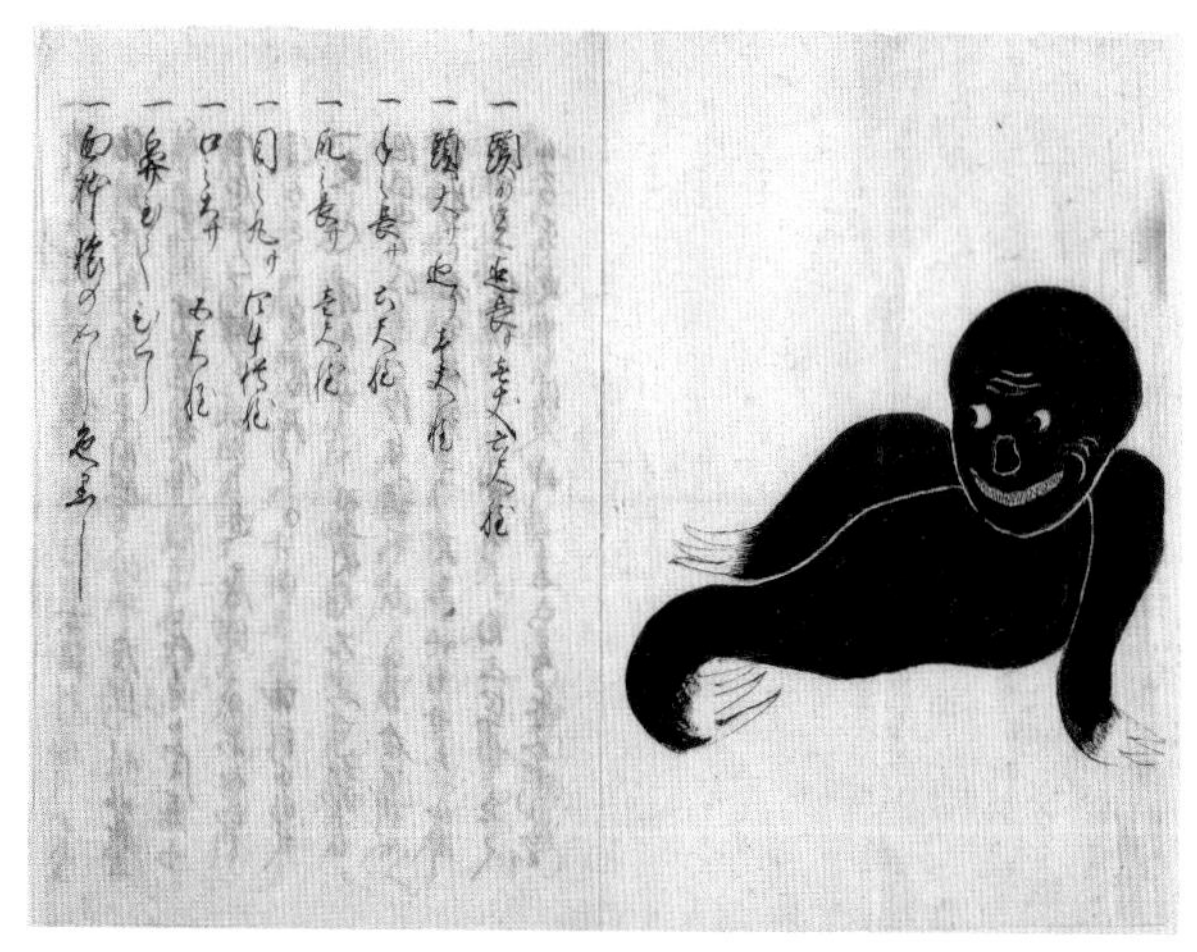

11. 印旛沼に出現した怪獣

天保14（1843）年に印旛沼に出現した幻獣。鼻は低く猿のような顔つきだったとの特徴も記されている。この巨大で真っ黒な幻獣は、印旛沼と利根川との水路工事をしていた者たちの前に突然現れた。雷のような大きな音をたてると、見回りの役人ら13人が即死してしまったという。(222ページ参照)

10. 『姫国山海録』より　建長寺の虫

鎌倉の建長寺の屋根で羽化した虫で、羽の長さが四尺五寸三分（約1.4メートル）もある巨大な蝶のような姿。(191ページ参照)

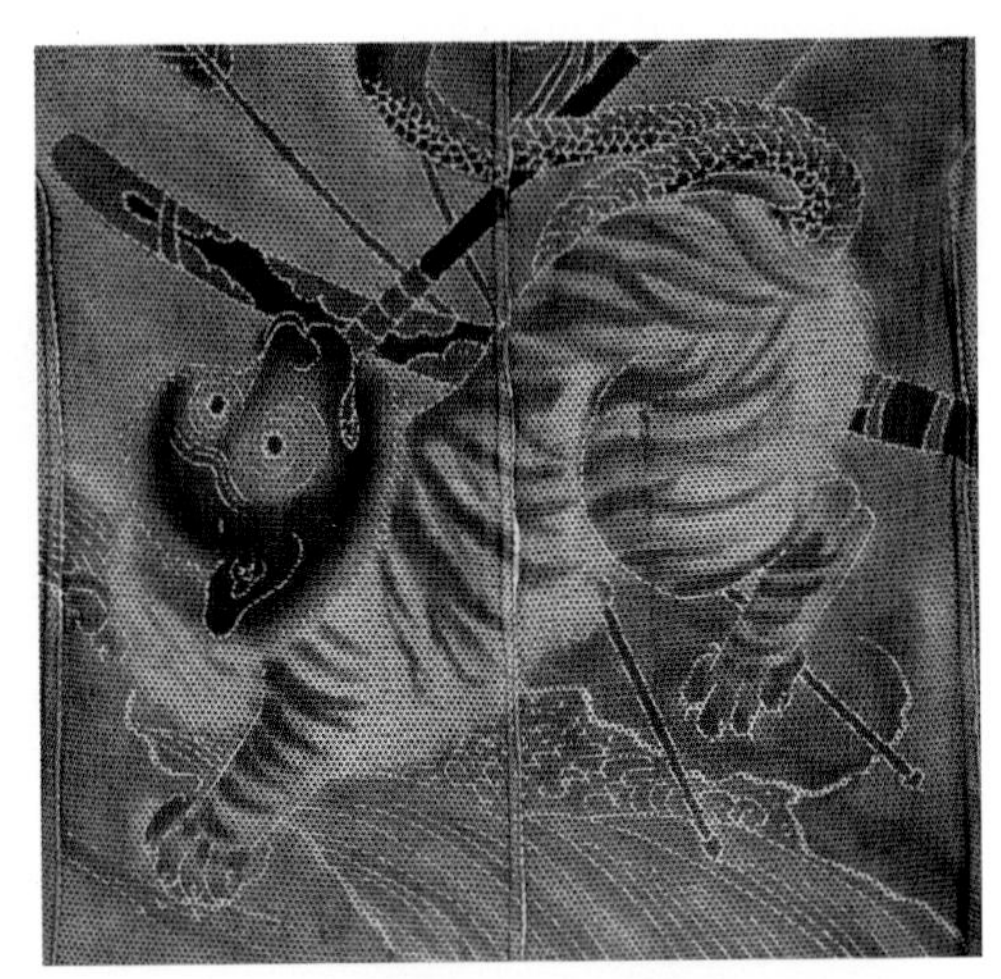

12．鵺の火消半纏

鵺は猿の顔、体は狸、足は虎、尻尾は蛇という幻獣。見る人を驚かす趣向でデザインされたのだろう。（201ページ参照）

日本幻獣図説

湯本豪一

講談社学術文庫

目次

凡例

本書で引用した文献の中には、差別的な視点や用語など、今日にあっては当然配慮すべき表現が使用されているところがあります。その時代の社会状況をそのまま知っていただくことこそが、差別や偏見の解消につながると考え、原文のまま掲載いたしました。当時の時代的制約をくみ取って本書をお読みいただきたく存じます。

なお、文中、引用した文献は、次のような方針で整理してあります。

・常用漢字を原則とした。
・句読点、括弧を補って、読みやすくなるようにした。
・清濁、誤字と思われるものについては適宜修正したが、当て字はそのまま残したものがある。
・振り仮名は原文の煩瑣な部分は削除し、必要と思われる箇所には新たにつけた。
・拗音・促音については並字とし、反復記号は原文のままを原則とした。

日本幻獣図説

はじめに――幻獣とは何か

二〇〇四年夏、私は勤務先の博物館において以前から開催を目指して準備していた「日本の幻獣――未確認生物出現録」という展覧会をオープンすることができた。近年、妖怪ブームということもあってか、毎年のように各地の博物館や美術館、デパートなどで妖怪展が開催されて好評を博しているようだが、そうした展覧会とは少し趣を異にし、〝幻獣〟という新しいテーマにスポットをあてての展覧会だったからだろうか、多くの人たちの注目を集めて全国各地から多数の来館者があり、あらためて〝何か不可思議な存在〟に対する関心の強さを認識させられた。妖怪ブームの根底にもこうした素朴な気持ちが大きく作用しているのだろう。

しかし、〝何か不可思議な存在〟という言葉で何もかも一括りにしてしまうのは違和感がある。厳密な定義はここでは措くとしても、幽霊と妖怪は同じではないことは共通認識といってさしつかえなかろう。これまでの妖怪展のなかでも幽霊資料の展示は行われてきたが、幽霊と妖怪は違うという前提が貫かれている。いっぽうで、河童や人魚などは妖怪展の定番として当たり前のように展示されている現状がある。だが、〝生き物〟として父祖たちがその存在を信じてきた河童や人魚を飛頭蛮（ろくろくび）や塗仏（ぬりぼとけ）の同類として妖怪という範疇に押し込めてしまうのは無理があるのではないだろうか。そもそも、〝妖怪〟という言葉が最初にあって、幽霊以外は何もかもそこに分類するといった手法自体が問題なのではないだろうか。

そんな疑問から日本の幻獣展は計画された。しかし、〝幻獣〟という言葉を安易に使うことにはいささかの不安を抱いたのも事実である。幻獣はどのように考えるべきなのだろうか、そもそも幻獣とは何を指すのだろうか、幻獣という言葉で分類が可能なのだろうかといった疑問である。——このようなことに思いを巡らしつつ、本書においてもあえて〝幻獣〟に挑んでみたいと思う。

一八世紀末の寛政一一（一七九九）年、『絵本黄昏草（たそがれぐさ）』と題された五巻本が刊行された。各地に伝わる奇談を絵を交えて紹介したものだ。題名に使われている「黄昏」は暗くなりかかり、人の顔が見分けにくくなって「誰（た）そ、彼は」との問いかけが語源といわれている。やがてやってくる闇の世界を前に、ふと気がつくと異界への入り口がポッカリと穴を開け、その中を覗き見てしまうような不思議な時間帯とでもいったらよいのだろうか。「逢魔が時」という言葉も夕暮れに対する特別な心の動きを投影したもので、暮れかかる瞬間への心情を凝縮した珠玉の日本語と思える。「絵本黄昏草」はこのような微妙なニュアンスを表現したもので、まさに奇談集にふさわしいタイトルといえよう。そこには多様な数々の奇談を一つの言葉に押し込めて分類しようとの作為は感じられない。これは、江戸時代に出されたいわゆる奇談集に共通する意識で、例えば『絵本小夜時雨（さよしぐれ）』のように『絵本黄昏草』と同じスタイルのタイトルだったり、「諸国」と「奇談」を題名に入れるスタイルだったりしている。

実はそうした状況に変化が生じる象徴的事象として『絵本黄昏草』をとりあげたかったのである。

『絵本黄昏草』が刊行されてから七〇年近く経った幕末維新期に一冊の版本が出された。『絵本妖怪奇談』と題されていることから、この本がいわゆる妖怪本であることは容易に想像がつくが、その内容はというと『絵本黄昏草』を一冊にまとめたもので、ただ題名を変えたにすぎない。もちろん、タイトルを変えて再版することはそんなに珍しいことではないので、驚くに値しないかもしれない。しかし、私が興味をひかれたのは「妖怪」という言葉が使われていたことである。『絵本妖怪奇談』には刊記がなく正確な出版年は不明だが、その特徴から幕末維新期の出版だったことは間違いないであろう。寛政一一年の『絵本黄昏草』が〝妖怪本〟として蘇ったのだ。

『絵本妖怪奇談』というタイトルからは、妖怪話を集めて絵を交えて紹介した書籍ということがわかる。この本の出版者はそこに収録された内容すべてを「妖怪」という言葉で括ってしまっているのである。このような潮流が近代、さらには現代にまで連綿と流れ込んでいるのではあるまいか。妖怪展というなかで〝幻獣〟も一括りにしているのもこうした一端に他ならないとも思われる。

こうした現象は裏を返せば「妖怪」という言葉が市民権を獲得しているからでもある。『広辞苑』によると、妖怪は「人知では解明できない奇怪な現象または異様な物体。ばけもの。」とある。この字義が厳密な意味で正しいかは別として、少なくとも一般的にはこのような意味で使われているとして辞典に載せられたのだ。さらにいえば、収録されていること自体が「妖怪」が普通に使われている国語として認知されていることでもある。すなわち、「妖怪」という言葉を便利に利用している側面があることも否めない。

いっぽうで、「幻獣」という言葉は『広辞苑』にみることができない。* この傾向は『広辞苑』だけのものではなく、国語辞典全般にいえることなのである。それなりには普及しているかもしれないが、まだまだ一般的には知られていない言葉とでもいえるのだろう。今は、その「幻獣」という言葉にどのような意味を持たせるかといった段階とも思える。そして、「幻獣」という言葉の意味が一応確立されることが、国語辞典に収録される道なのだろう。ましてや、「妖怪」という概念さえも持たない江戸時代の人々が「幻獣」という意識を有していたはずがない。しかし、江戸時代にこそ、〝不思議な生き物〟があちこちで跋扈していたのも事実であり、当時の人たちが彼らに対して何らかの認識を持っていたであろうことは間違いない。そうした認識を探ることから「幻獣」を考えてみよう。

安永五（一七七六）年、鳥山石燕によって『画図百鬼夜行』が著された。この本は妖怪図鑑的版本の魁と位置づけられる妖怪本の名著である。もちろん、「妖怪本」と分類しているのは後の人たちで、そのタイトルからも窺えるように、石燕は「百鬼」を「画図」としてまとめるという意図でこの本を出版している。石燕は跋において古画の百鬼夜行を参考に描いたことを記しているが、収録された「百鬼」は多様である。例えば、全三巻の最初の巻「陰」で収録している一五種を列記してみると、木魅、天狗、幽谷響、山童、山姥、犬神、白児（しらちご）、猫また、河童、獺（かわうそ）、垢嘗（あかなめ）、狸、竈奇（かまいたち）、網剪（あみきり）、狐火といった具合だ。木魅や垢嘗など、まさしく想像上のものから、獺や狸といった実在する動物までが入り交じっている。獺や狸は人を化かすことからとりあげられたのだろうが、誰もが知っている普通の動物以外の何ものでもない。当時の人々も、木魅や垢嘗や網剪を獺や狸と同列のものとして認識はしていなかったであろう。

　では、河童はいかなる認識対象だったのだろうか。一言でいうなら、それらの中間に位置する存在だったといえよう。突然目の前に現れたり消えてしまう妖怪や幽霊のようなものではなく、誰もが触ったり息づかいを確認できる〝生き物〟としてとらえていたに違いないのだ。しかし、その存在は伝え聞くものの、実際に自分自身で目撃できない不思議な存在、こんな漠然とした共通認識が幻獣の戸籍ではないだろうか。

「日本の幻獣」展に出陳されたいくつかの資料からもそれが読みとれるので、二、三紹介しておこう。一つは「幻獣尽くし絵巻」と呼ばれるもので、ここには山椒魚やマンボウなど、珍しい生き物とともに人魚、雷獣、悪魚（人魚）、河童といったものが描かれているのである。この特徴は一つ一つ描かれたものを集めて、絵巻状にしてあることだ。その結果として、山椒魚やマンボウなどの実在する珍獣と人魚などの幻獣を一つの絵巻に閉じこめたのである。この絵巻の作者にはそうしたやり方が合理的で矛盾のない分類方法だったのだろう。

　もう一つ写本がある。ここにはさまざまな魚類とともに人魚や海馬や赤鱏といった幻獣が描かれている。これらは一人の人物によって描かれたもので、『本草魚類図　附虫』なる題名も明記されている。それは人魚や海馬や赤鱏などをまさしく「魚類」に分類している証なのだ。

さらに、見世物を扱った資料を紹介しておきたい。この刷物は「五大洲生鳥獣」とのタイトルがあり、見世物小屋の入り口らしきところに大きく掲げられた看板にはさまざまな珍獣が描かれているのがわかる。ここにはインコや手長猿などの外国産の動物に混じって、雷獣、河童、人魚などが登場しているが、それらも「生鳥獣」として扱われているのである。

これらは幻獣を〝生き物〟と認識していることを示している。これらの資料は個人の考えでつくられたのかもしれないが、そこには同時代人の共通認識が強く投影していることはいうまでもない。ここに、幻獣なるものの一つの特徴が浮かび上がってくる。〝生き物〟であるからこそ河童や人魚などのミイラが存在しているのだ。しかし、幻獣が存在した動かぬ証拠としてのミイラは、あやふやな存在としての幻獣を示すものでもある。江戸時代の一般の人々にとって、見慣れた狸や犬猫のミイラや剝製など何の価値もない。しかし、それが幻獣のものとなると話は別だ。伝え聞いたりしているので、どこかにはいるに違いないとは思いながらも、そんな不思議なものはいるはずがないという気持ちも心の片隅にはいつも抱いているといった微妙な存在である。だからこそ、そのミイラは彼らの心をとらえて離さないのだ。こうした需要が幻獣のミイラづくりを支えている。

〝不思議な存在〟と〝生き物〟という特徴を有した幻獣は因縁話の恰好の主役でもあり、今にのこる幻獣ミイラの多くが寺社に伝えられていることも頷ける。また、見世物にも幻獣ミイラは多数供給されて人気を博しており、さらには珍奇な代物として海外に輸出されていたりもしている。いっぽうで、幽霊や垢嘗などのミイラが存在しないのは、一般の人たちがそれを実体として認めなかったからで、幽霊のミイラは〝作り物〟の域を超えることは不可能なのだ。

しかし、幻獣は未だ発見されていない未確認生物とは決して同一ではないという重要な側面も有している。未確認生物は確認された瞬間に犬や猫などと同類の普通の動物になる。ただ、希少だったから人の目に触れることがなく、噂や口承で伝えられてきただけなのだ。それにひきかえ、河童や人魚は目撃記録も数多く、現にミイラも少なからず存在している。にもかかわらず彼らは幻獣としての地位を脅かされることはない。それこそが幻獣の幻獣たる所以でもある。

寺社にのこされた幻獣のミイラには、その幻獣にまつわる因縁話も伝えられていることがある。生前の業によって人魚になってしまったという伝説や、人に悪さをするので手を切られた河童がその手を返してもらったお礼に秘伝の妙薬を伝えたといった話は数多い。これらは幻獣が人智を越えた存在であることを物語っている。豊凶を予言し、疫病から逃れる術を伝授する幻獣などはその典型といえる。幻獣はしばしば〝異形の生き物〟だったりする。これは異界からの来訪者だったからに他ならない。父祖たちはあるときは幻獣を恐れ、またあるときは敬いながら、その存在を伝承してきた。それは〝生き物という姿を持ちながら異界からやってきたものたち〟への接し方だったのだろう。

私たちは、こうした存在としての幻獣にあらためてスポットをあててみる必要があるのではないだろうか。そこから、妖怪という括りだけではこぼれ落ちてしまう父祖たちの心の機微を読みとることが可能なのではないだろうか。

＊二〇〇八年に刊行された『広辞苑』第六版で「幻獣」が立項された。

1章　幻獣名鑑

日本には幻獣といえる不思議な生き物はどれほどいたのだろうか。神武天皇東征のときに現れた八咫烏（やたがらす）のように、まさしく伝説上の幻獣は措くとしても、実際に目撃談が残されたり、描かれて記録されたり、ミイラや剥製として現存するものだけでも決して少なくない。

その種類も多様で、河童や人魚のように誰でも知っているもの、人面牛体で未来を予言する件（くだん）、雷のときに空から落ちてくる雷獣など、江戸時代には河童や人魚と同じくらい有名な幻獣がいるかと思えば、筑前国宗像郡本木村に出没して村人を悩ませた妖術を使う狼のような姿をした幻獣や、淀川で目撃された豊年魚といった地方色の濃いケースもある。

外見上の違いはもちろんだが、単に見たこともない生き物として認識されているものから崇められているものまで幅広く、予言獣のように自ら積極的に人間界にコンタクトをとってくるものさえいる。というように幻獣の特徴も同じではない。ここでは、そうした幻獣たちの姿を追ってみることとしよう。

河童

河童像さまざま

河童は日本人なら誰でも知っているいわば幻獣界の代表格だ。とくに学校で教わったわけでもないのに、いつの間にかそれがどのようなものであるかという情報がインプットされている。私もそうした一人だが、こうしたことからも河童という存在がいかに広く深く語り継がれているかがみてとれる。しかし、ほとんどの人にとっては、河童は「頭に皿のある子どもくらいの大きさの幻獣」くらいのイメージしかない。こうしたイメージが確立したのは、実は近代に入ってからのことと思われる。

江戸時代には各地でさまざまな河童が出没した。目撃されたり、捕らえて見世物にされたり、なかには塩漬けにされたという記録もあり、現在でもミイラと称されるものが伝えられているくらいだ。それらは決してすべてが現代の河童像と同じではなく、その姿の多様さに驚かされる。例えば、図1は天保一一（一八四〇）年六月に櫛引道柳沢村で村人によって捕獲された河童で、羽がはえていて、首を伸ばすことができる。こんなものさえ記録されているほどである。

図1

ちなみに、『日本伝奇伝説大事典』では河童の呼称をガーッパ系、川太郎系、川原坊主系、川の殿の系、猿猴系、その他の六種類に分類し、それぞれ、カッパ、ガッパ、ガラッパドンなど、カワタロウ、ガータロ、ガワンタロなど、カワラコゾウ、カワラボウズ、カワソウなど、カワノトノ、カワントン、カワノヌシなど、ホンコウ、ユンコサン、エンゴザルなど、メドチ、ガメ、ヒョウスンボ、コマヒキなどと事例を挙げている。これらの呼称はほんの一例で、各地で呼び方がまちまちといってもさしつかえないほどであり、さまざまな姿で伝えられていることも頷けるのである。

江戸時代すでに目撃例や体の大きさや特徴などの情報をまとめようとする試みもあった。いわば河童事典や河童図鑑とでもいえるような書籍の刊行である。『国書総目録』をめくってみると、『河童図説』『水虎考略』『水虎図説』などを拾うことができるが、ここでは『水虎考』と題された写本を紹介しておきたい。

この本は明治一〇（一八七七）年に写されたものであるが、そこには河童に遭遇した人たちの目撃談とともに、いくつもの河童図が収録されている。口絵1は享和元（一八〇一）年六月一日に水府（水戸）の東浜で網にかかった河童で、背の高さは三尺五寸余（約一メートル）、重さは拾二貫目（約四五キログラム）とある。頭頂は皿状で、水掻きがあり、後ろ姿からすると甲羅があるようだ。大きさもちょうど子どもくらいで、今の私たちにも馴染みの深いポピュラーな河童像といえる。いっぽう、この図の左のページには亀のような姿をした河童が描かれている。これは水虎（すいこ）と呼ばれるもので、中国の文献に見ることができるとの解説がされている。これと同じような河童らしくない河童が、寛政六（一七九四）年に実際に発見された。越後新潟の香具師（やし）が持っていたのだ。また、図2のような甲羅のない河童も目撃されている。

これらの図は『水虎考』だけが記録しているわけではなく、同一の画を元にした図像情報が描き継がれており、江戸時代には写本がいくつも存在する。そして、『水虎考』のように、

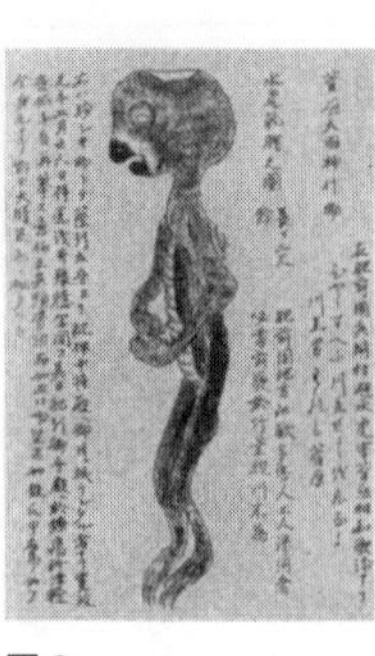
図2

図3

明治時代になっても連綿と描き続けられているのだ。こうした記録から河童の姿が一様でないことがわかる。

河童図の記録

口絵1右の河童は、海で捕まえられたことが添文から見てとれる。河童は川や沼の幻獣といったイメージが強いが、海でも目撃されているのである。

明治時代の新聞から明治一〇（一八七七）年九月一九日の『かなよみ』に掲載された水虎に関する記事を紹介しておきたい。この記事によると、同年九月一四日、房州天津（千葉県鴨川市）の沖合で漁をしていた四人の漁師が暴風で浦賀沖の猿島に流れ着き、そこで異形のものを目撃する。その異形の姿も挿絵として掲載されている。それが図3で、事件を漁師本人から聞いた小野高知なる地元の読者から図を添えて情報が送られてきたのである。記事の最後は、「記者曰、小野氏の送られし原稿に漁夫黒徳が正（まさ）しく看認たりと云へる海獣の形象（かたち）を画き添へたるを聊（いささ）か潤色して之に附す。其図に依て考ふるに

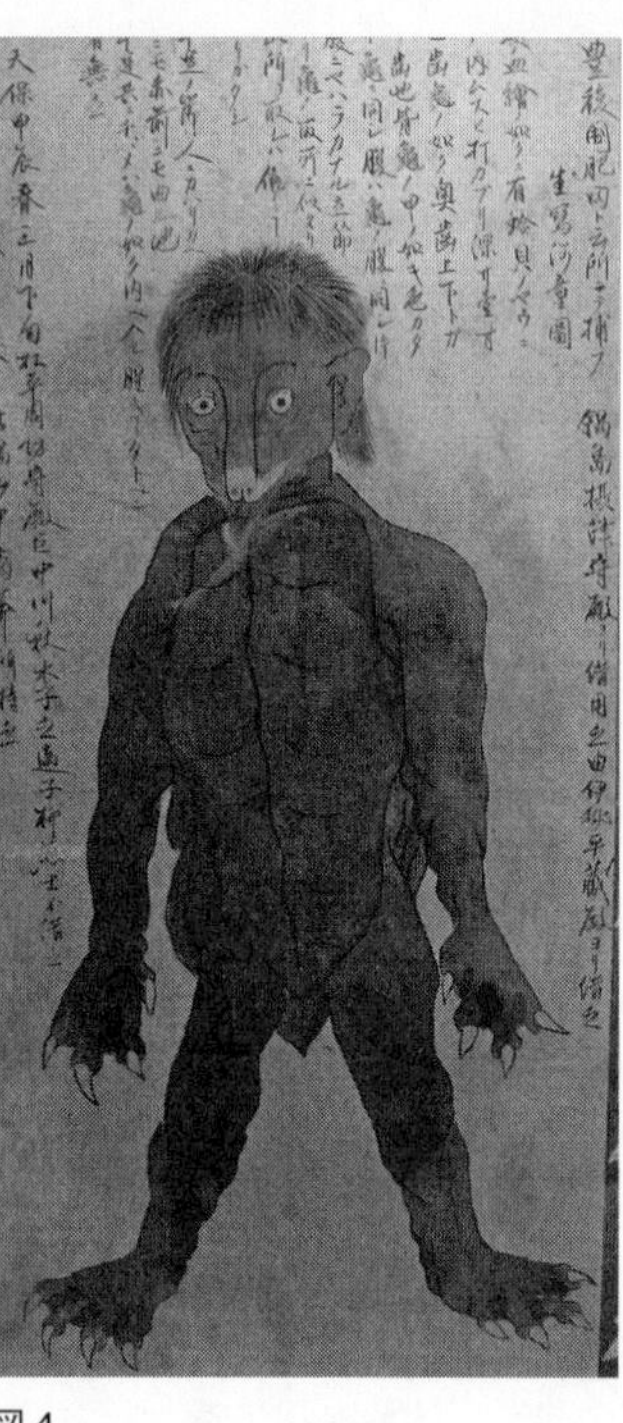

図４

写本（『水虎図説』）に載する寛政年間越後国新潟より出ると云水虎の図に似り、彼海獣も世に所謂水虎の同種類かと惟ふ可し」との記者のコメントで結ばれている。

この記事がさらに興味深いのは、『水虎図説』に載っている寛政年間の越後国新潟の水虎と似ていると論じていることである。この『水虎図説』は『水虎考』と同類の写本と思われる。こうした写本は現在でも時には古書市場で見かけるほどで、相当広く流布されていたことが窺える。

図４は縦九〇センチ、横四〇センチほどの大きさの紙に描かれた豊後国肥田（大分県日田市）で捕らえられた河童である。大きく中央に河童が描かれ、まわりに説明文が記されてい

る。そこには河童の特徴とともに、この元図は鍋島摂津守から伊勢平蔵なる人物が借り受け、その後、描き写されていったとの情報が含まれている。実はこの河童図と同様のものも一枚の大きな紙に描かれて残っているケースが散見できるが、それも描き写しが繰り返し行われてきた結果であろう。こうした事実は、河童に対する強い関心の表れにほかならない。それは河童があるときは水の神として崇められ、またあるときは人や馬を水のなかに引き込むいたずら者だったりしながらも、人々の日常のなかでその存在感を示し続けていたからである。

錦絵などにも河童は盛んに描かれた。枚挙にいとまがないほどだが、一点だけ紹介しておきたい。図5は明治一六（一八八三）年に出された「新板かっぱのたはむれ」と題されたもので、絵師は歌川国利である。一枚のなかに八コマの河童図が描かれているが、釣り針にかかって慌てふためいていたり、落雷で落ちてきた雷さまを川に引き込もうとしたり、お化けの真似をして通行人を驚かせたり、好物の瓜を取ろうと船をひっくり返したり、川岸の蕎麦屋の蕎麦を狙ったり、尻子玉を抜こうとして放屁攻撃されたり、子どもにいじめられているところを救ってもらったりといった具合で、どれもがユーモアたっぷりのしぐさである。もちろん「河童の戯れ」をテーマとしているので、このような河童が描かれたのだろうが、こうした錦絵が刷られ、それを購入する人たちがいたことを考えると、身近な幻獣として親しまれていた河童の姿が垣間見られる。

それだからこそ、人との接触においても人間（河童）くさいエピソードには事欠かない。

図5

図6

相撲好きもそんな一面といえる。図6は月岡芳年の描いた「和漢奇談鑑（かがみ）」というシリーズのなかの「毛谷村六助」という作品で、安土桃山時代の剣豪・六助が河童の相撲を見たという故事を錦絵化したものである。ここでは河童同士が相撲をとっている様子が描かれているが、河童は人との相撲も好んだといわれ、そうした言い伝えは数多く残っている。これは江戸時代だけの話ではなく、明治時代に入っても河童との相撲話が伝えられている。

明治一一（一八七八）年一一月二八日の『熊本新聞』には河童と相撲をとった老人の事件が報ぜられているので、紹介しておこう。この事件は求麻（球磨）郡原田村で起こった。同村の手塚袈平という六〇過ぎの者が小川のほとりにいるところを顔見知りが見つけ、声を掛けると、三、四歳の子どもが川より出てきて面白い噺をするので寝ながら聞いていると答えた。翌日、袈平は近くの田圃で死亡した状態で発見されるが、褌の上に帯をした格好で、袈平の周辺には小さな子どもの足跡が無数に残されており、村人は袈平は河童と相撲をとっていたに違いないと噂している、という記事である。

これも河童の存在を信じていたからこその話なので

ある。こうした、河童と人間との身近な関係は今日まで も続いており、河童が目撃され写真に撮られたといった週刊誌などの報道に半信半疑ながら興味を持つ現代人の心の奥底にも、祖先から引き継がれた河童への想いが脈々と流れているといえるのではないだろうか。

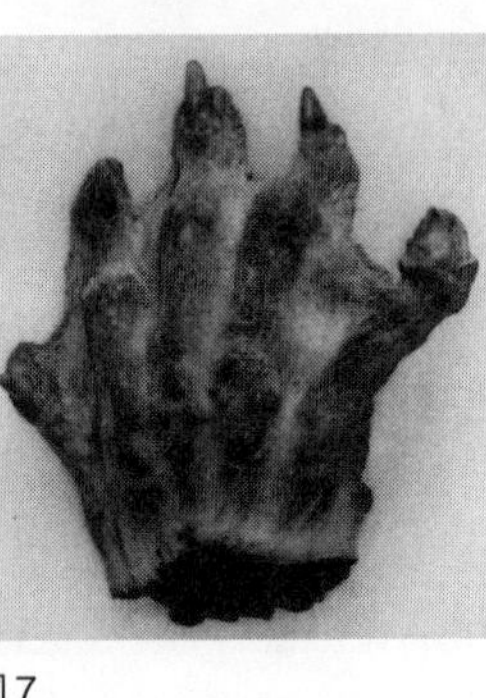

図7

河童の手

図7は熊本県天草郡の志岐八幡宮に伝わる河童の手である。言い伝えによると、志岐川に出没して悪さする河童の手を懲らしめのために志岐八幡宮の神主が切り落としたとされるが、この手で頭を撫でるとコレラが治ると信じられ、現在でも疫病除けとして子どもの頭を撫でるために用いられている。これなども、人との密接な関係が今でも続いている事例といえよう。

このほかにも河童の手のミイラはいくつか知られている。福岡県田主丸町に伝えられている河童の手は、馬の尾を摑んで川に引き込もうとしたところを侍に切り落とされたものといわれ、福岡県北野天満宮所蔵のものは、菅原道真が筑後川で暗殺されかかったときに道真を救おうと助けにきた河童が敵に切り落とされた手と伝えられている。幻獣のミイラはいろいろと残されているが、河童に関しては手だけのミイラがけっこう多いことが特徴として挙げられる。その背景には河童の手を切り落としたという伝承が各地にあり、それ故に河童の手のミイラがリアリティーをもって人々に信じられていたからといえよう。

享和二（一八〇二）年刊の『奇談諸国便覧』には、淀川の堤にいた武士の足を引っ張り川に引き込もうとした河童が手を切られ、その手を返してもらおうと毎夜のように武士の家を訪れたが受け入れてもらえず、七代まで祟ると言い残して河童は現れなくなった。この武士の家には河童の手が残されているという話が収録されている（図8）。また、明治二二（一八八九）年刊の『夜窓鬼談　全』には、筑後国柳川（福岡県柳川市）で、厠（かわや）に入った女性に触って手を切られ、手を返してもらおうと少年の姿で現れた河童が、そのお礼に皮膚病の妙薬を伝えるという話が載っている（図9）。こうした河童の手にまつわる幾多の言い伝えは、教訓的エピソードなどを伴い、人々の信仰の対象としても説得力のあるものとなっていったと

図8

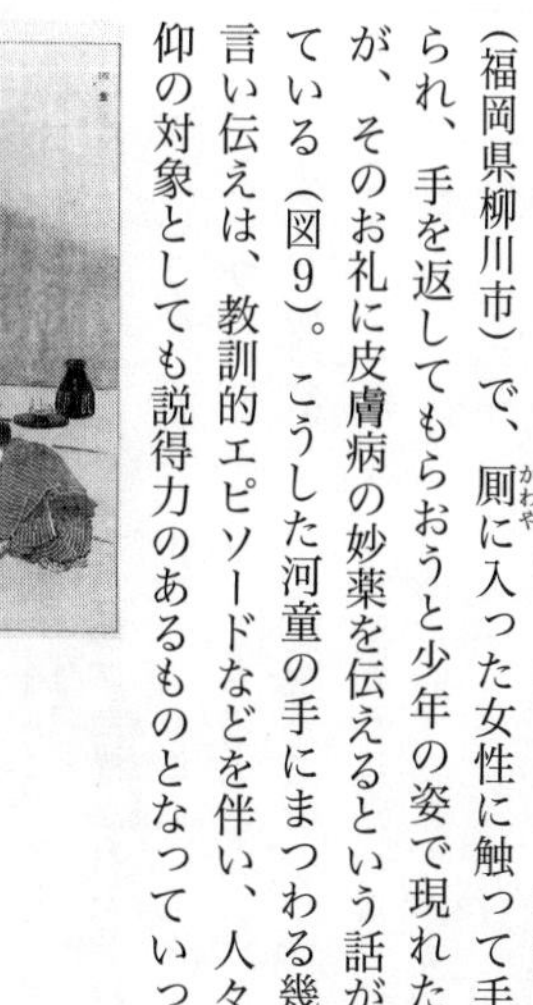

図9

図10

思われる。

人間との関係

そうした人との密なる交流は、見世物としての河童の存在をもつくりあげている。図10は、文化一四（一八一七）年刊の『長髪姿蛇柳』に描かれた見世物小屋の賑わいだが、右上の小屋の入り口に「ちんぶつ十六文」という木戸銭の値段とともに大きな看板が掲げられ、それを棒で指しながら説明している呼び込みの姿がみえる。彼の棒の先には河童が描かれており、まさにこの見世物小屋の河童について熱弁をふるっているところなのだろう。

図11も同じような見世物小屋の入り口の風景だが、珍しい鳥獣のなかに、雷獣、人魚などとともに河童が描かれている。明治一八（一八八五）年八月二七日の『絵入自由新聞』に、「北海道札幌にて捕へられたる河童なりとて昨日船に乗て深川佐賀町の河岸へ着せしが、その形ちは猩々の如くにて大さは三尺計りもあり。年は四年に成るといふを同町の蕎麦屋東里庵の主個が見せ物にする由にて買入たり」という記事が載っているが、ほかにも河童を捕まえて見世物にしたという記事は散見できる。

図11

図12

こうした流れは現在までも続いており、今でも見世物小屋で河童のミイラを見せているところもあるくらいだ。図12は別府・八幡地獄の怪物館にあった河童のミイラの絵葉書である。八幡地獄の怪物館は、昭和三〇年代にすでに廃されているので、この河童は絵葉書でしかお目にかかれない。河童は誰にも知られている存在なので、ミイラも多く作られていたに違いない。これらの河童たちの姿を見ながら、伝え聞いた河童の話を思い出し、見世物客はリアリティーを感じていたことだろう。

河童についての信仰

明治一二（一八七九）年三月四日の『読売新聞』に河童の皿に関する記事が載っているので紹介したい。

河童の頭上に皿が有るといふ話は誰彼も子供の頃から聞ては居れど、眼前見た者は恐くは無い筈と思ひの外、近江国長浜門前町の古道具商西川忠平が此皿を兼て所蔵すると聞き込み、越前敦賀の船頭加島市蔵は三毛猫の雄にも勝りて難船防になるべしと思ひしかば、取る物も取敢へず長浜へ到り何気なき体にて骨董を素見せし後ち段々値切りて、僅か天保銭数枚を出し彼の頭皿を買受け飛ぶが如くに敦賀へ帰り船乗り仲間に見せたれば懇望する者多く五十円或は七十円に買はんと云ふるゆゑ市蔵は益々珍重し、終に百四五十円迄の高価に値上げされしも猶ほ愔みて譲らぬとの事、余慶な世話ながら化の皮の剝げぬ中早く見切ればよいに。

河童は水の神として崇められていたが、難船除けとして河童の皿が用いられていることがわかる。さらに、その皿を高額で買おうとする者が多数いたことも窺われる。河童のミイラなどは寺社で宗教的因縁に絡めて用いられたり、見世物として供されたりする以外にも、この新聞記事に見られるような需要があったのだ。記事の冒頭には、「河童の頭上に皿が有るといふ話は誰彼も子供の頃から聞ては居れど……」なる一文があり、河童と頭の皿は切り離せないものとして周知されていた。

一二一ページの図は鳥山石燕の『画図百鬼夜行』に描かれた山童（やまわらわ）である。ご覧の通り、山童の頭頂は皿状になっており、河童と酷似している。河童は秋の彼岸になると山に入って山童となり、春の彼岸とともに川に戻るという言い伝えがあるが、この図からもそんな関連がみてとれる。いわば、河童は川にも海にも、そして山にも関わりある幻獣として存在していたのだ。そして、決して人里離れたところでのみ棲んでいたのではない。

図13は『甲子夜話（かっしやわ）』巻之三二に収録されている河童で、つぎのような記述がある。

> 対州には河太郎あり。浪よけの石塘に集り群をなす。亀の石上に出て甲を曝（さらす）が如し。その長（たけ）二尺余にして人に似たり。老少ありて白髪もあり。髪を被りたるも又逆に天を衝くも種々ありとぞ。人を見れば皆海に没す。常に人につくこと狐の人につくと同じ。国人の患（わずらひ）をなすと云ふ。又予若年の頃東都にて捕へたると云図を見たり。左にしるす。これは享保中本所須奈村の芦葦の中沼田の間に子をそだてゐしを村夫見つけて追出しその子を捕たるの図なり。太田澄元

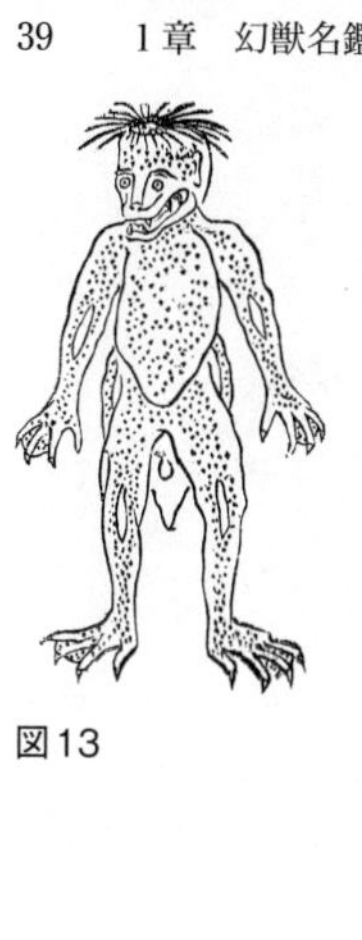

図13

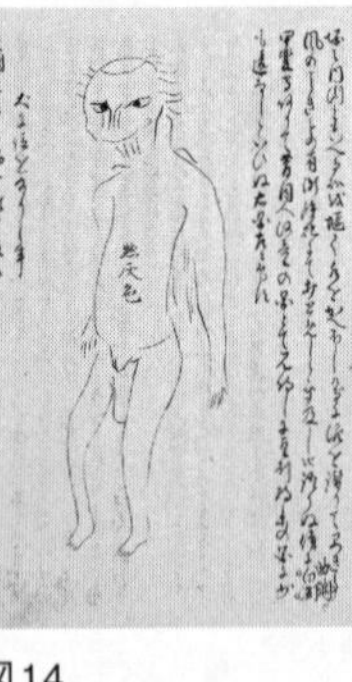
図14

と云へる本草家の父岩永玄浩が鑑定せし所にして水虎なりと云ふ。又本所御材木倉取建のとき芦藪を刈払しに狩出して獲たりと云ふ。

ここには河童の子育てという珍しい状況も記録されていて、貴重な河童情報となっている。また、図14は根岸鎮衛（やすもり）の『耳嚢（みみぶくろ）』にある河童の図だ。この河童は、天明元（一七八一）年八月に仙台岸（隅田川の東岸）にある伊達侯の屋敷の堀の内淵において鉄砲で仕留められて塩漬けにされたものである。江戸にもこうした河童目撃談が少なくない。河童はまさしく人と共生していた幻獣といえるだろう。

鬼

鬼というもの

鬼について『広辞苑』は「（「隠（おに）」で、姿が見えない意という）①天つ神に対して、地上などの悪神。邪神。②伝説上の山男、巨人や異種族の者。③死者の霊魂。亡霊。④恐ろしい形をして人にたたりをする怪物。もののけ。⑤想像上の怪物。仏教の影響で、餓鬼、地獄の青鬼・赤鬼があり、美男・美女に化け、音楽・双六・詩歌などにすぐれたものとして人間世界に現れる。後に陰陽道の影響で、人身に、牛の角や虎の牙を持ち、裸で虎の皮のふんどしをしめた形をとる。怪力で性質は荒い。」などと記している。

この説明からも、鬼が一筋縄ではいかない存在であることが浮かび上がってくる。幻獣という括りのなかに含めてしまうのが適当かということも考えられるが、人々が鬼の存在を信じ、異形の生き物として河童や人魚と同じように認識していたという視点から、幻獣として紹介しておきたい。

鬼の定義について、厳密な解釈はしなかったろうが、鬼はどのようなもので、どんな姿をしているかは、誰もが知っていたことだろう。その漠然とした共通認識があったからこそ、鬼のミイラもその価値を有していたと思われる。

図15

図15は明治三四（一九〇一）年五月二二日の『二六新報』に掲載された異形の生き物のミイラである。記事の見出しには「怪物の木乃伊（みいら）」とあり、二〇年前に海軍の将校がセイロンで入手して持ち帰ったものと書かれている。何とも不気味な雰囲気が漂う恐ろしい姿をしている。しかし、これを鬼とは見ていない。それはすなわち、鬼というものの姿に対する共通認識があるからにほかならず、ある人は節分のときに豆を投げて追い払うものとしての鬼を想像し、またある人は地

獄で待ち受ける恐ろしい形相の鬼を想像するかもしれないが、その姿に大きな相違はないのである。

酒呑童子と茨木童子

鬼に関する有名な伝説として広く知られているのが、酒呑（しゅてん）童子と茨木（いばらき）童子の話である。酒呑童子は丹波国大江山に棲む鬼で、都での悪行で人々を悩ましたことから天皇の命をうけた源頼光が四天王を率いて討伐することとなる。一行は酒呑童子の館に潜入して酒に酔った酒呑童子の首をはねて都に凱旋するが、その折りに征伐した証として酒呑童子の首を持ち帰り、衆人の目にさらした。これによって都の人々は心安らかとなったということである。この話は絵巻や錦絵などでも流布され、誰でも知っているものであった。

いっぽう、茨木童子は、源頼光の四天王の一人渡辺綱（わたなべのつな）によって羅城門で腕を切り落とされた鬼で、老婆に化けて綱のもとを訪れて腕を奪い返すという物語である。この話も能や歌舞伎で演じられるほどの有名なもので、鬼の伝説といえば酒呑童子と茨木童子が真っ先に浮かんでくるといった状況があったに違いない。

明治二三（一八九〇）年五月二八日の『東京朝日新聞』に、見世物に関する記事が載っている。記事自体は見世物の品を雇い人が持っていったまま帰ってこないというものだが、その品とは鬼の首と腕なのである。また、明治二六（一八九三）年一一月一八日の『東奥日報』には、大阪から鬼の首を持って各地を回っている見世物師が青森県八戸郡にも来ていることを紹介している。このような記事は、明治時代の新聞に散見できる鬼情報で、これらに共通しているのは首や腕を見世物としていることである。

図16は宮城県柴田郡村田町の村田町歴史みらい館が所蔵する鬼の首と手である。大きさは首が縦三五センチ、横二七センチ、腕は長さが四六センチ、手の大きさが二七センチほどである。この鬼のミイラは村田町の旧家の蔵から発見された。当地には渡辺綱の伝説が伝わっており、このミイラもそれに由来するのかもしれない。首も腕も人間に比較すると巨大であるが、酒呑童子絵巻に描かれた鬼の首は人間の背丈ほどもあり、それにくらべると必ずしも大きいとはいえない。見世物としてみせるには、移動に便利なサイズということも必要だったのだろう。実際にこのミイラも見世物として供された可能性がある。大きさなど、酒呑童子や茨木童子の言い伝えとの齟齬は関係なく、見る人が酒呑童子や茨木童子につながるミイラであると納得すればそれでよいのである。

図16

明治二一（一八八八）年一一月一八日の『東京朝日新聞』に浅草公園池之端の奇物縦覧所なる見世物小屋の広告が掲載されている。この広告には図17のような鬼の首と腕のイラストも添えられている。この図からすると明らかに酒呑童子と茨木童子のパターンである

図17

ことがわかる。広告文は、「世界無双の見世物　十一月十七日より　午前八時開場　午後五時閉場　大人五銭小児三銭　此奇物は人に似て角を生じ且つ牙ありて諸学者の説には既に数千年も経過したる鬼のほしかためもの（ミーラ）なりと云ふ。頃者偶ま之を得其奇物に感じ秘蔵するに忍びず遂に世に公にし以て大方君子の縦覧に供す　浅草公園池の端　奇物縦覧所」とある。

数千年前では酒呑童子や茨木童子の時代とは明らかな矛盾があるばかりか、有史以前の話となってしまう。なぜ首と腕のミイラなのかといったことにも触れられていない。しかし、このミイラはもともとは酒呑童子と茨木童子の話にあわせて作られたに違いない。

解釈の変化

江戸時代は自由に旅行することはできず、ほとんどの人は生まれ育った場所で一生を送るのが常だった。遠い地方の出来事は、確かめようもない伝聞でしか知りえなかったのである。『諸国百物語』のような各地の怪異譚を集めた書物が出されたのも、こうした背景があったからといえる。しかし、明治中期になると交通網の発達で誰もがどこへでも行けるようになり、情報伝達も格段の進歩を遂げた。

こうした時代の変化にともなって、酒呑童子や茨木童子のミイラと説明しても、見物客が鵜呑みにしないような状況が生じてきたのだろう。昔の口上が説得力を失いつつあるなかで、鬼のミイラの位置づけを変化させる必要に迫られた結果として、この事例のような説明がなされたと思われる。

いっぽう、科学的思考にもとづく合理主義が広まるなかで、人魚のミイラを医科大学で分析したところ猿の頭に魚の胴体をつけた代物だったという新聞記事があるが、鬼でもこうした事例がみられる。明治二三（一八九〇）年七月二九日の『福井新聞』につぎのような記事が載っている。

> 備後国の或山中に一の寺院あり、土地の者等其が境内を開墾せんとて掘居りしに、深さ二尺余に達した時一の石棺の顕出しを以て、寺僧等も奇異の想をなし人々立会の上頓（やが）て之を開見しに、棺の内は朱を以て之を充しあり、之を掻除て中を見ればコハ抑如何（そもいか）に、長さ二尺余の首と一本の腕あり、然も其毛髪太くして毛の先は数本に別れ、額には二本の角を生じ、其形恰（あたか）も坊間に伝ふる絵画の鬼に彷彿たり。尤（もっと）も何れの時代に埋葬せしものなるやは判然せざれども、寺院建設の年代より考ふれば、正しく六百年以前茲（ここ）に埋めしものの如く思はるれど、何物の屍なるやは之が考証のあらざれば知るよしなく、扠（さて）右の鬼の首は同寺に縁故ある尾張国海東郡津島町大字津島方等院の住職某が乞受け、二三日の内に愛知病院の検閲を経て帝国大学へ献納するよしなるが、果して鬼の首なるや否やは渡辺綱（わたなべのつな）若しくは大森彦七（おほもりひこしち）其人にあらざれば恐らく鑑定六ケ敷（むつかし）からん。

江戸時代なら、角の生えた首と腕ということだけで鬼のミイラだと誰もが信じたことだろう。しかしここでは鬼のようだといってはいるものの鬼と断定はせず、帝国大学で鑑定してもらうという方法をとろうとしているのである。こんなところからも時代の変遷が垣間見える。

口絵2は、河童の項でも紹介した別府温泉の八幡地獄にあった鬼の骨を撮影した絵葉書である。高さ一丈二尺（約三・六メートル）とあるので、相当大きなもののようだ。その横の解説版にはこの鬼はアフリカのコンゴ付近に一六世紀に生息していたと書かれている。非常に具体的な記述だ。この絵葉書は昭和戦前期のものと思われるが、鬼の説明としてこうした一文が出てくるのは興味深い。すなわち、アフリカのコンゴは江戸時代における国内の遠い地方と同じように、漠然とした認識はあるものの誰も行ったことのない場所で、アフリカという場所柄、何か知られていない未知の生き物がいても不思議でないというイメージが一般的だったということだろう。鬼の姿形は踏襲されながら、その住処は世界へと広がっていったのである。そして、ついに現代では、鬼の棲息地はなくなってしまったのではないだろうか。

現代でも河童の存在を信じる人はいるかもしれないが、鬼は人々の心のなかですでに絶滅してしまった幻獣ということができよう。彼らの跳梁した証は、絵画やミイラとしてのみ伝えられているだけなのである。

天狗

天狗礫

天狗は深山幽谷を住処とし、羽があって山々を自由に行き来でき、神通力を有する存在として知られている。鼻が長くて顔が赤いのを大天狗、嘴（くちばし）があって鳥のような顔つきをしているのを烏天狗（小天狗）と呼び、いずれも山伏姿をして、修験道と関係が深いことを窺わせている。

不思議な現象を天狗と結びつけた言い伝えも数多く、それだけ天狗は人々の心に深く入り込んでいたということだろう。とりわけ、山に暮らす樵（きこり）や猟師などにとっては身近な存在であり、彼らとの出会いも少なからず伝えられている。山のなかで突然礫（つぶて）が投げつけられるように降ってくる現象を天狗礫という。図18は安永一〇（一七八一）年に刊行された鳥山石燕の『今昔百鬼拾遺』に描かれた天狗礫である。天狗たちが石を投げつける姿が描かれ、「凡（およそ）深山幽谷の中にて一陣の魔風おこり、山鳴、谷こたへて、大石をとばす事あり、是を天狗礫と云。左伝に見えたる宋におつる七つの石も、うたがふらくは是ならんかし」との解説が添えられて

図18

いる。

明治一五（一八八二）年一〇月一一日の『西京新聞』は、京都府の鷹ヶ峯での天狗礫事件を図を添えて（図19）「世には奇々妙々な事もあるものにて」と報じている。

上京区第七組南辻町八百屋業宮本岩次郎雇人吉田松之助［三十六］は、此程より松茸を買取らんと籠を荷ひて鷹ケ峯の奥に千束と謂所より中川村へ行山道を三町程も行たと思ふ頃、四方の高木に風の音高く松も杉も颯々と吹来る様の何となく物不思議に思はるれば、何て茲斗りの風の吹やらと呟言ながら二足三足行内に、山の手高き谷の間より太さ壱尺四五寸も有らんかと思ふ程の大石を、松之助目掛て投落され逃んと為る間に早右の手に二ケ所の手疵を負たれば石投た者は何奴なるかと一声高く怒鳴や否や又たも前同様の大石が天から降りでも為る事か木の葉の様に軽々と落来る故に此は不思議と、又も大声振挙て何奴なれば狼藉千万名乗々と（謂たかどうだか）声掛れば、又も猶大きな石を打付られ、今度は右の足へ当り指三本打切られ、此は抑如何にと周章なが

図19

らも誰か有と見回せども、人影所か夫れと謂物影さへも有ざれば、松之助も恐くなり、果は籠も弁当も其所へ其儘投捨て一生懸命生命から〴〵手足の痛みも打忘れ、漸々の事に千束村の茶店まで逃戻り右の次第を物語れば、村の者も不思議に思ゐ命ち惜まぬ若者共が直様二三人走り付け所々方々と尋ねて見れど夫れと思ふ影だに有らず籠も弁当も其儘にて賊の所為とも思われず、成程石は大石にて一人二人の人間では上下する様の物にも有ねば此は何でも天狗の悪戯に違ゐは無ゐと籠と弁当を持戻りたりと謂同村の風説にて松之助は今以て療養中で居るそうだが、丸で犬に噛れた様な天狗の噺し。

礫というと小石のように思われるが、『今昔百鬼拾遺』でも『西京新聞』でも大石が投げつけられるとあり、大きさは一様でないことがわかる。山のなかでの不思議な出来事として、天狗と石が降ってくる現象を結びつけていることでは共通している。

どこからともなく石が降ってくるという事件は、山だけではなく、町中や家の中でさえ起こったという記録はいくつも伝えられている。明治九（一八七六）年三月一四日の『東京絵入新聞』は、つぎのような記事を挿絵（図20）を添えて載せている。

是は不思議なお話しですが、元大工町一番地中沢繁次郎（道具屋）の居宅では去る十日の正午頃から一時間ばかり何所からともなく小石が家の中へ降るから家内は駭いたが繁次郎の父中沢重経は二年越しの病気ではありこんな変事は聞せたくもなし又世間へも

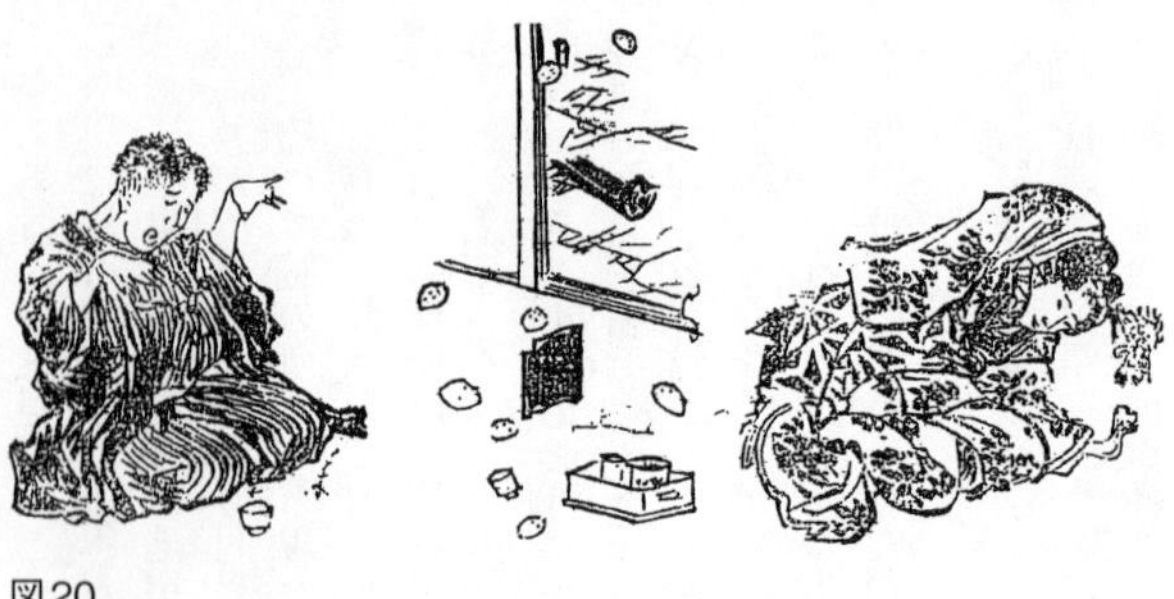

図20

知らせたくないと降た石を神棚へ上げ神酒よお備へよと御馳走して何卒降らないやうにと女房が祈ると降た石が自然となくなるかと思ふと又始めより烈しく降るゆゑ是は狸の所為であらうと亭主が脇差を抜て振廻しても些とも利かず毎日刻限を切て降るから去十二日其筋へ届けたので巡査が一個づつ其道具屋へ詰められても矢張刻限になると石が降るから近所は大評判になり門口へは見物が黒山のやうに立てば内では狸を追出すとて蕃椒を燻し立る大騒ぎの所へ風と一個の人力車曳きが来て「此身は浅草北富坂町に住む小林長永と言ふ者だが、今江戸橋で客待をして居て石の降る咄しを聞ましたが狐狸の所為に違ひないから祈禱をして進ぜやう。倘此身で届かずば浅草西鳥越の御禊所の先生を頼んで進やう」と言へば繁次郎は歓んで何分お願ひ申ますと答へたので今十四日から祈禱にかかるとやら言ふ事だが何だかはや新聞屋には解し兼る咄しであります。

ここでは石が降るのは狐狸の仕業と断じており、町中で

図21

は狐狸の悪行という考えが一般的なのである。同じ現象でも場所によって、それを起こす主体は異なるということを物語っている。山での礫はどうして天狗と判断し、町中でのそれは何故に天狗でなくて狐狸なのか。恐らく、そんな疑問を当時の人々は抱くことはなかったのだろう。半ば無意識のうちに天狗であり、狐狸であると判断したのだ。それはすなわち人々の意識のなかに天狗とはいかなるものかという認識があったからといえよう。

日本の国土は幾多の山脈が連なり、人間が足を踏み入れることを許さない未知なる世界が至るところに存在している。そこには必ずや自分たちの知らない人智を超えた者たちがいるに違いない。そんな思いが天狗という存在に映し出されているといえよう。図21は源氏再興をはかる牛若丸と弁慶を助ける諸山の天狗を描いている。山々にはそこを支配する天狗がいて、世俗とは異なる別世界が展開されている。

天狗との出会い

あるとき、人間が別世界の住人である天狗と邂逅（かいこう）し、不思議な体験をするといった話も少なくない。図22も天狗と出会った不思議な話で、出羽国秋田郡太平山の酒屋に酒を買いに来た老人の小樽に酒を注ぐと不思議なことに一斗（一八リットル）も入ってしまった。不審に思った酒屋が老人のあとをつけていくと、老人は天狗となり、七年間の豊作を予言し、この間に毎月八日夜に北方からの悪風で病気になる人がでるが、私（天狗）の姿を門口に貼っておけばこの災難を免れることができると伝えて姿を消したという内容だ。

天狗との邂逅によって不思議な能力を身につけた話も伝わっている。明治一八（一八八五）年一一月二一

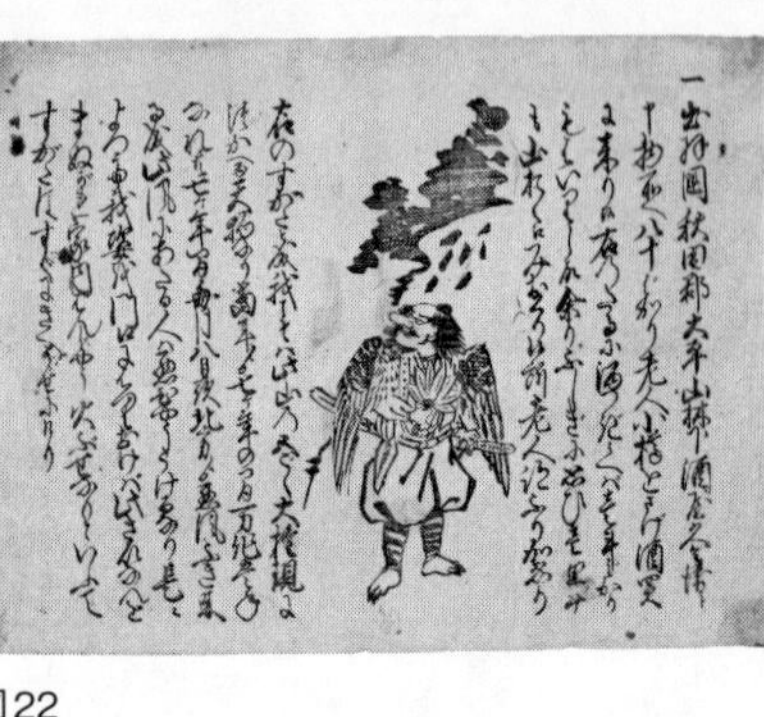

図22

日の『絵入自由新聞』には、つぎのような記事が載っている。

何（どう）やら岩見重太郎の本にでも有さうな話しなれど聞込し儘に書記（かきしる）すは新潟県下越後国中魚沼郡曹洞宗宝泉寺の小僧なるが、此程同寺内用水溜の辺りに遊び居りしが何時の間にやら見得なくなり四五日経て元の処に彳（たた）ずみ居たるに、所化坊が夫（それ）を見て連入らんと

せしも小僧は中々承知せず所化坊をハツタと白眼（にらみ）「無礼なり下りをれ、愚僧は天狗の使いの為め此所に彳（たた）ずむなり不入事（いらざること）を致すまじ」と袖打払つて悠然たるに所化は呆れて捨置しが、折柄大雨降来たれど不思議なるかな小僧の衣類は少しも濡ず恰も鳥の羽の如くなりしに是を見聞せし村人は天狗小僧よ神様よと大切にして置（おく）よしなるが、果して信なるや如何（いかん）は知れず。

突然いなくなってしまった者がある日ひょっこりと姿を現し、そのときには特別な能力を身につけているといった話も少なくない。神隠しと同じような意味で天狗隠しという言葉がある。突然消えたようにいなくなった者たちは天狗の世界に連れて行かれたのかもしれないと考えるほどに、人間世界とは別の世界があると信じられていたのだ。

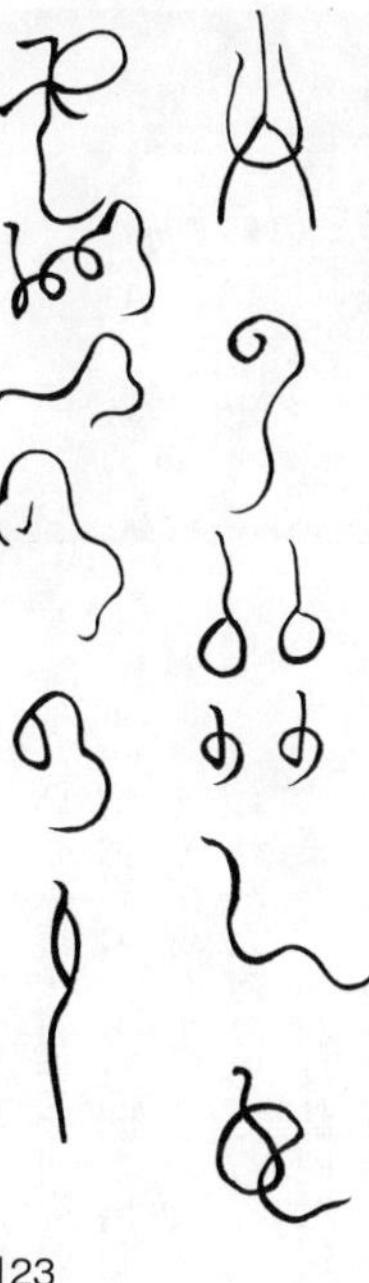

図23

そうした背景のなかで、天狗の世界に行って来たという少年・寅吉を研究の対象とし、ありとあらゆる天狗世界のことを聞き出した平田篤胤のような研究者さえも出現してくるのである。図23は寅吉によって伝えられた天狗の字である。

また、図24は静岡県伊東市の佛現寺にある天狗の詫び証文である。万治元（一六五八）年頃、天城山の柏峠に天狗が出没して旅人を悩ましていたため、当時の佛現寺住職・日安上人が天狗の鼻を摑んで捻り懲らしめたところ、天狗はこの詫び証文を残して消えていったという。ここに記された文字も寅吉が伝えた文字と同じく不思議なものである。こうした字の存在とそれにまつわる言い伝えも、別の世界の住人としての天狗

図24

を人々に印象づけることとなるのだ。

宗教から見世物へ

図25は烏天狗のミイラで、現在は和歌山県御坊市教育委員会が所蔵している。ミイラには由緒書や証文なども一緒に残されている。それらによると、このミイラは生身迦楼羅王尊

で、世の安寧と家運繁栄の守護者ということである。そもそもは天慶四（九四一）年、日蔵上人が大峰山で修行中に五色の瑞雲が生じ、それに導かれて渓谷深くでこれを発見したという。迦楼羅は仏法を守護する八部衆の一つで、金色の翼を持ち、頭に如意珠がある鳥頭人身の姿をしており、日本の烏天狗と似通った姿であることから両者が混同して伝えられていることが多くなった。興味深いのは、ミイラが納められた厨子（ずし）がさらに笈（おい）のなかに入っているということである。恐らく修験者たちが信仰を広めるために笈を背負って各地を回ったためなのだろう。

図25

図26は静岡県伊東市の佛現寺に伝わる天狗の髭である。この寺に縁ある人が持っていたものが、寺に納められた。かつてはこの髭を用いて髭占いが行われていた。「オン・アビラ・ウンケン・ソワカ」と三回唱え、髭の根元が動くと凶、先が動くと吉というものである。天狗にまつわるこうした信仰からも、天狗と人間との関わりが垣間見えるのではないだろうか。

ところで、天狗のミイラといわれるものは古くから各地に伝えられた。図27は深山の巨大な老木のうろから発見されたものだ。また、口絵3は鎌倉の名刹浄智寺のものと思われる。しかし、図27のミイラは横に書かれた解説文によると、箱に入れられ、珍奇な物として見せられたようで、宗教的臭いはほとんど感じられない。いっぽう、口絵3は宗教と深い関係がある遺物のように思われ、同じミイラでもその位置づけに大きな違いがあることがわかる。御坊市のものも宗教的目的に用いられたが、その後、見世物としても使われたといわれる。天狗に対する人々の思いが、時代や社会の変遷にともなって変化していることがわかる。

　秩父三十四か所観音霊場の三十番札所・瑞龍山法雲寺には、天狗の爪（図28）と伝えられる寺宝がある。

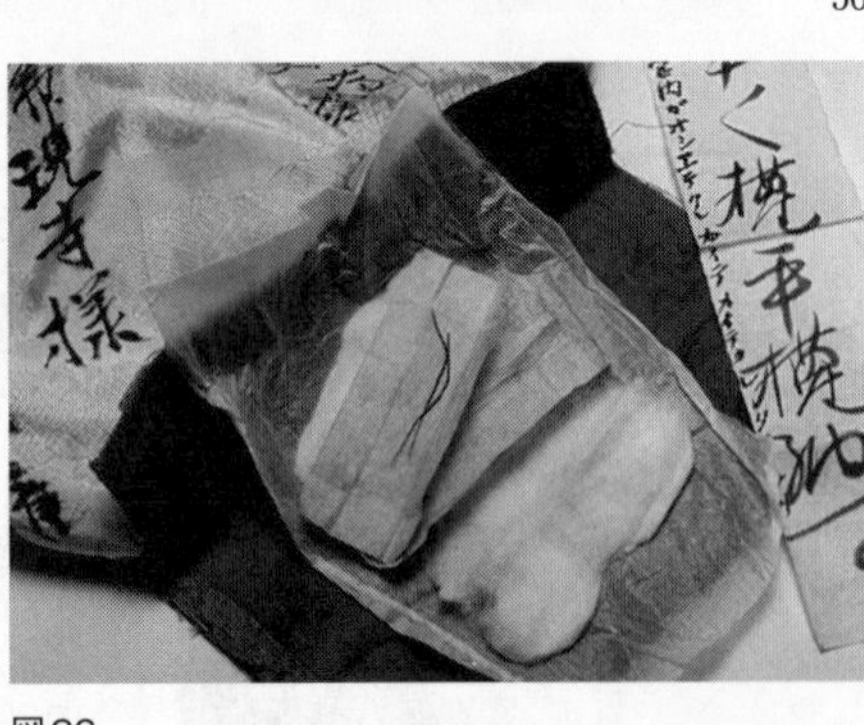

図26

三、四センチほどのもので、鋭く尖っており、山中から出土したものと言い伝えられている。この形状は鮫の歯に酷似しており、古代の魚類の化石の一部であろう。土地の隆起などで今では海と無関係の土地にもこうした化石が発見されることは何の不思議でもないが、そうした知識のない時代の人々にとっては、思いがけないものが山の中の土中から出てきたわ

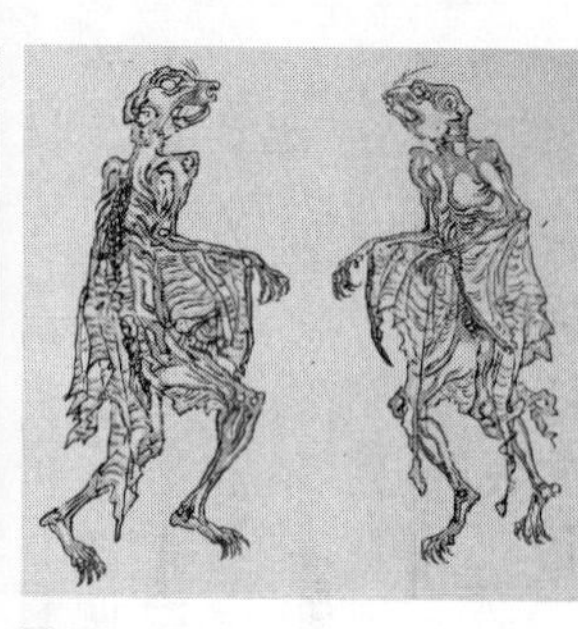

図27

図28

けで、天狗の爪という結論を導き出すのは至極当然のことだったといえよう。

明治一八（一八八五）年四月一一日の『伊勢新聞』には、天狗の爪に関するつぎのような記事が書かれている。

> 播磨の国飾東郡長柄村と云るは山又山と連続せる所なるが、同村の字おざみ鳴といふ所を開鑿して道路と為さんと、既に一丈余を掘下げたるに長三寸巾七八分程なる一種の異体の爪を掘出せり。素より人種の爪にもあらねば又た獣類の爪とも思はれず何とも不審千万なりと。同所の識者に就て尋ねしに所謂天狗の爪なるべしとの鑑定なるが、尚是を慥めん為め鑑定の儀を兵庫県庁へ願出たりとか。

このケースも山が連なる地方での出土で、地元の識者が天狗の爪と鑑定したのもそうした言い伝えがあったからに違いない。こんなことからも天狗の遺物は生まれていったということだろう。

空中の異界

天狗は羽を持っていることから鳥類を髣髴とさせる。図29は鳥山石燕の『画図百鬼夜行』に描かれたものだが、まさしく鳥のように表現されている。鳥類のイメージから、天狗の子は卵から生まれるという言い伝えがある。図30は享保五（一七二〇）年に出された『鳥羽絵欠び留』に描かれた天狗の卵である。樵が木を切っていると木の上から天狗の卵が落ちてきて、割れた中から天狗の子が生まれている。こうしたモチーフは、図31のように根付などにもしばしば用いられている。人間にとっては地上を眼下に見下ろせる鳥の世界は天狗の世界でもあるのだ。

今でこそ雲の上の世界も科学的に説明できるが、昔の人には空は海以上に未知の世界であった。天狗はそんな未知の世界の住人であるのだ。それこそが人々が天狗に対する素朴なあこがれや畏怖の念を抱かせているのではないだろうか。

余談ながら、平田篤胤が寅吉少年から仔細にわたって聞いた天狗の世界の事柄を記した『仙境異聞』には天狗世界の幻獣が登場するので紹介しておきたい。図32は鉄を食う幻獣で、つぎのような記述がある。

> 或日人々と種々の物語りの序に中村乗高の集たる奇談の書に、或人の女の鉄を食ふ病を煩ひたる由を語りけるを聞て、寅吉云、鉄の出る山に生ずる奇しき物あり。生れ始は

山蟻の大きさにて、虫といふべき状なるが、鉄ばかりを食ふ。始め小なる時は鉄砂を食ひ、大く成るに従ひて釘針火箸何にても鉄物を食ひて育つ物なり。形は図の如く毛は針金の如し。師の此を畜置て試られたるに夥しく鉄を食ひ馬ほどに成て身より自然に火出て焼死たりとぞ。名は何と云ふか知らず。此を麒麟（きりん）なりと云ふ人もあれどいかゞ有らむ。偖（さて）また此につきて思ひ出たり。猿は年久しく立てばすさまじく大く成りて立ある

図29

図30

図31

図32

き、頭に長き髪を生じ眼は殊の外に光り自在の術を得て、さて数千年経てば身より自らに火を出して今迄の体みな焼るとぞ。然（さ）すれば其体内より別に人と然しも異無く毛もなき体の出るが、をり〳〵また猿身に成りて群猿と交はり居るなり。此は師のかゝる物の変化も見置けとて、焼たる体内より人形して生れ出たるを見せられたり。此をもぬけといふとぞ。

この説明によると鉄を食う幻獣は麒麟と呼んでいる者もいたが、本当の名前は定かでないようだ。大きさは馬ほどにもなるというから驚くが、それ以上に想像を絶するのは自然に出火して死んでしまうということだ。

図33は千山鯉という幻の魚だ。丸々と太った姿からは魚とは思えないが、この魚についてもつぎのような記述がある。

寅吉云、穿山甲（せんざんかふ）の末と小麦の粉と合せて池に入るれば多くの鮒を生じ、また麦のふすまを泥中に埋め置れば鰌生ずると云ことなり、また饂飩（うどん）の粉を煉りて鮒の形に作り穿山の毛と肉の粉を塗りて古池に埋め置けば鮒となるとぞ、偖また穿山甲と云ふ物は鯉の化たるが本にて子をも生ずる物なり、と云ふ故に人々笑ひて其は心得がたき事なり、彼物は唐物にて此国には無き物ぞと云へば、寅吉云、此国にも有りて本は鯉の化たる物なること我正しく度々見たり其は鯉は誰も知る如く瀧に上る物なるが其を龍と成りて天上すなど云ふは誠しからず千山鯉といふに化ことは彼魚は瀧を上る勢気にて山に皦上り草原にころ〳〵として居るが日数経てば丸き形となり四の鰭四足となりて甲を生じ鱗の間より毛を生じて図の如く化して這ひあるき山の水溜りにすみて子を産するにそれ穿山なり、元は鯉の化たる物ゆえに殺して肉腸を見れば鯉の肉腸と同じ様に胆も鯉の如し、唐土にのみ生する物と思ふは甚狭き見識なり。

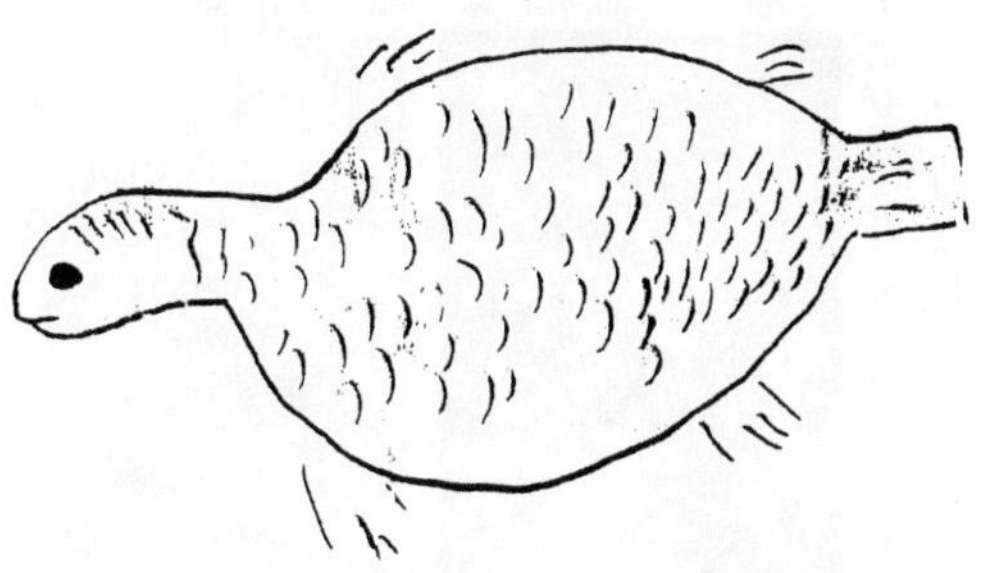

図33

草原にころころしていて、やがて足が生えて水溜まりに子を産むというから、地上では考えられないものだ。こんな幻獣が天狗の世界には存在するのだ。天狗世界のさまざまな出来事を伝える寅吉の証言からすると、こんな幻獣がいてもちっとも不思議ではない。天狗に関わる幻獣はまさに人智を超えている。

人魚

図34

図35

人魚の姿

人魚とはその字の通り、人間と魚が合体したような姿の幻獣で、世界各地に言い伝えがある。なかには顔が魚で体が人間といったものまでいるが、一般的には顔が人間で体が魚といった姿が多い。とは言ってもその姿形は一様でなく、それだけでも人魚にまつわる話がいかに多いかが窺われる。図34は『百鬼夜行拾遺』に収録されている人魚である。「建木の西にあり人面にて魚身足なし胸より上は人にして下は魚に似たり是氏人国の人なりとも云」との解説が付けられている。この解説の出典は『和漢三才図会』によるものだが、遠い海のかなたの未知の国にはこうした生き物もいるのでは、と想像をたくましくしていたのである。

日本でも古くから数多くの人魚譚が伝えられている。図35は聖徳太子が人魚に出会った故事を描いたものである。太子が近江国（滋賀県）石寺村を通りかかると蘆原人魚が出現し、生前に殺生を好んだ業で人魚になってしまったことを伝えて太子に救いを求め、太子は伽藍を建てて千手観音を祀ったという。半分人間で半分は魚という姿は、因縁話には恰好のものだったのだろう。

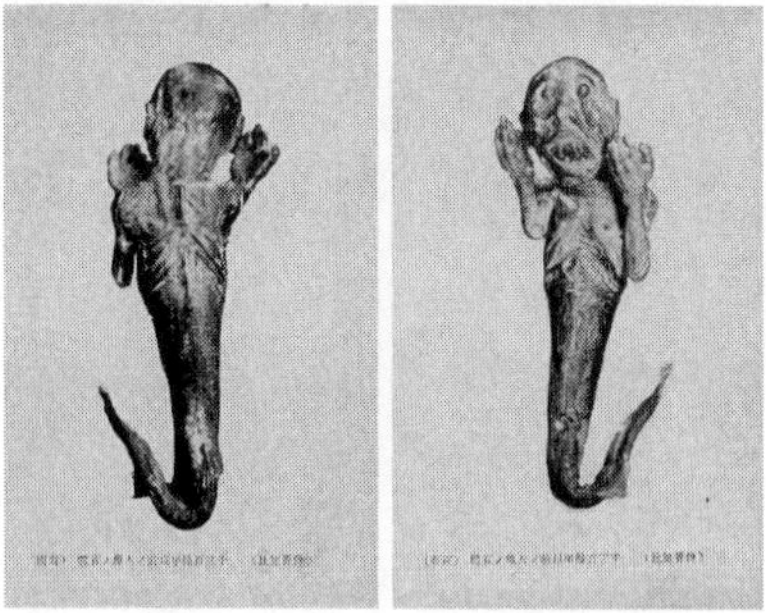

図36

長寿と人魚

図36は、人魚保存研究会なる組織が発行した絵葉書で紹介されている人魚のミイラである。人魚保存研究会とはいかめしい名前だが、見世物などではこうした威厳のありそうな名称を使うことが少なくない。絵葉書とセットになったこのミイラの解説チラシには、聖徳太子の人魚伝説や、人魚を食して長寿を保った八百（はっぴゃく）比丘尼（びくに）の話などが記され、珍無類の人魚を喧伝している。八百比丘尼の言い伝えは広く知られており、平田篤胤も人魚を食べたといわれる。

図37は江戸近辺の浜で発見された人魚で、四尺五寸ほどの大きさで長い尾を巻き込んだ格好や顔つきなど、他の人魚とは大きく違っている。この人魚も、食

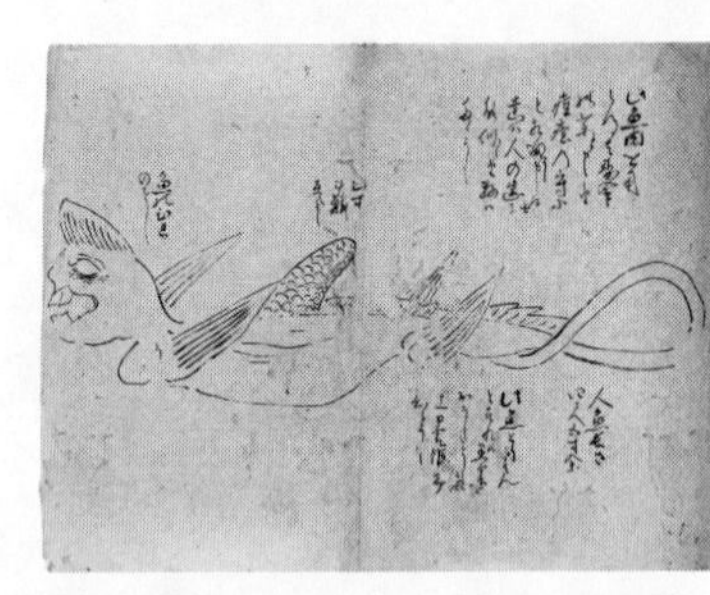
図37

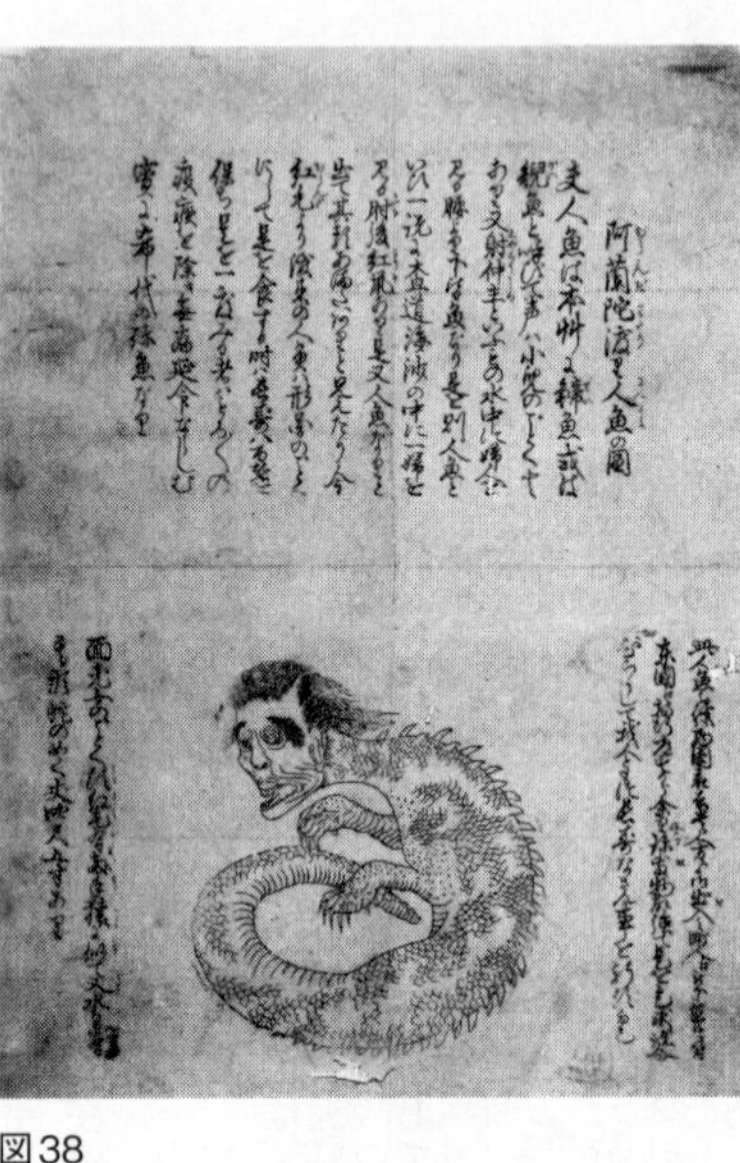
図38

べると長寿の薬となり疱瘡(ほうそう)除けのお守りにもなると記されており、人魚と長寿との関係は広く知られていたことがわかる。中国で出現したという一八四ページの人魚でも長寿についての記述がみられる。

図38のオランダからの人魚を描いた刷物には、「阿蘭陀渡り人魚の図」とのタイトルで、「夫人魚は本艸(ほんぞう)に鯑魚或は鯢魚と呼びて声は小児のごとくとあり、又射仲主(しゃちうしゅ)といふもの水中に婦人を見る腰より下皆魚なり是を則人魚といひ一説に査道海沙の中に一婦を見る肘後紅鼠

図39

あり是又人魚なりと出て其類あまたありと見えたり、今紅毛より渡来の人魚は形図のごとくにして是を食する時は長寿は八百歳を保ち是を一度みる者はもろもろの疫病を除き無病延命ならしむ、実に希代の珍魚なり」との説明があり、他の人魚と同じような人魚伝説のパターン化がヨーロッパからもたらされたという人魚にも適応されていることがわかり興味深い。

時代を超える伝承

人魚は、次章で紹介する予言する幻獣としてもとらえられている。図39は大神社姫と呼ばれている人魚で、竜宮の使者として越後国新潟浜に現れた。大神社姫は七年間の豊作と悪病の流行を予言し、多くの人々が死亡するが、私（大神社姫）の姿を見る者は悪病を避けられると告げたと記されており、人間を救う使者として登場していることがみてとれる。

いっぽうで、人間に害をもたらす存在としてとらえられているケースもある。図40は越中国に出現した巨大な人魚

図40

だが、「悪魚」と名付けられていることからもこの人魚が害をもたらす存在だったことは一目瞭然だ。この悪魚は越中国放生淵（放生津）四方浦の海を一日に二度も渡るが、そのときには海が赤々と光り、悪魚の声は二五、六町（約二・七キロメートル）もの遠くまで聞こえたという。優しい顔だが、口から火焔を吹き、金と銀の色の鱗で、頭には二尺（約六〇センチメートル）ほどの白い角がはえており、全長は三丈五尺六寸（約一一メートル）、顔は白く三尺五寸（約一メートル）、脇の鱗の大きさは六尺九寸（約二メートル）もあり、一丈四尺余（約四メートル）の長い髪を持っているという異様な姿をしていることが記されている。船の往来に害をおよぼしたこの悪魚を退治するために、松平加賀守の家来一五〇〇人が四五〇挺もの鉄砲を携えて出動したとも説明がなされている。とてつもない話だが、文末には文化二（一八〇五）年五月六日という日付まで書かれていて、悪魚出現のリアリティーが溢れている。

口絵4は、宝暦七（一七五七）年四月に悪魚と同様に、越中国放生津周辺に出没した人魚を描いたものだ。角を生やした女の顔で、髪が長いことや、全長が七尋というから一〇メートルを越す大きさということも悪魚と同じ幻獣であることを窺わせる。この人魚も数十人で弓矢や鉄砲で退治しようとしたが、海中ということもあってなかなか上手くいかず、五月一一日に一人の勇壮な富山の住人が剣を持って海中に入り、刺し殺して四方町の浜に揚げたとの記述が付されている。

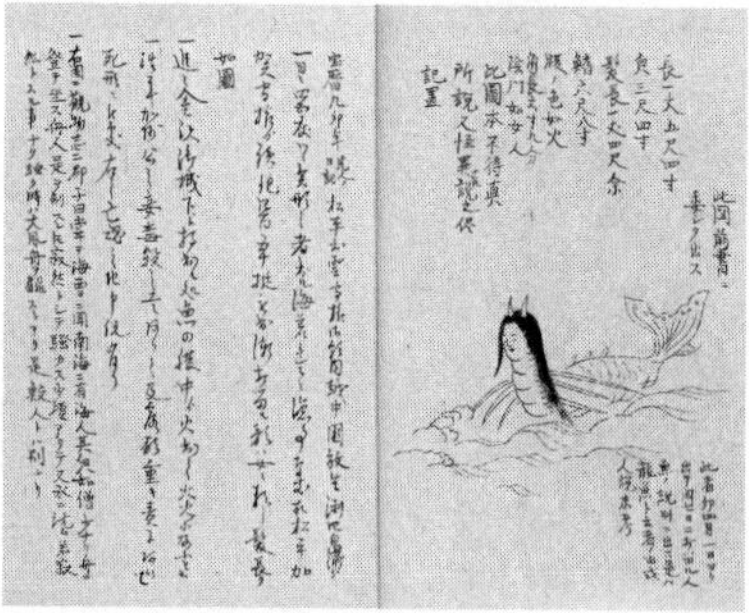

さらに図41は宝暦九年に出没した人魚である。宝暦七年の人魚出現からわずか二年しか経っていないが、この記録には文化二年に繋がる情報がみてとれる。すなわち、宝暦七年の人魚は一人の人物によって退治されたのだが、宝暦九年の場合は松平加賀守の手配による四五〇挺の鉄砲で仕留め、金沢城下へ持ってきたところ、人魚の腹から火が出て大火になったと書かれている。こうしたことから文化二年の記録では、口から火焔を出す〝悪魚〟として登場してきたのだろう。こ

図41

れらの記録からも越中国放生淵あたりでは巨大な人魚が出没していたことがわかる。

この人魚のもとになったのは、この地方で稀に捕獲されるリュウグウノツカイなる巨大な深海魚ではないかともいわれている。明治一七（一八八四）年七月二四日の『山陰新聞』には、五、六尺の奇魚が島根県島根郡加賀村字岩木組の沖合で発見されたという記事が載っている。この奇魚は「孔雀の尾の如き物その尾に三筋頭に二筋あり。長さ各二尺余、眼は太くして総身金銀色の斑文を帯び、背の鰭には捻峰（とほみね）の銀櫛やうの文あり、又た尾に柔かなる梅花形のもの二つありて、何共其名を知る者なく中にも古老は往昔此魚の出顕せし事を聞き及びしが、這（これ）は正しく竜宮よりのお使者なるべし抔（など）といふものもあり……」というように、見たこともない魚で、古老が竜宮のお使いといったと伝えている。見たこともない奇魚だからこそ竜宮の使いという考え方が生まれたのだろう。この魚と深海魚のリュウグウノツカイとは別種かもしれないが、この記事も幻獣が誕生する一端を示唆しているように思える。

いずれにしても、宝暦七年から文化二年という半世紀もの長い間にわたって生き続けた三つの資料のなかの人魚情報の変遷が垣間見えておもしろい。こうした経緯をたどりながら、この人魚は幻獣として確固たる地位を与えられていったのだろう。

幸いをもたらすもの

しかし、この人魚の話はそれだけでは終わっていない。図42も悪魚と同じ情報から記録された人魚だが、文化二年五月ということから、悪魚と同一時期のものだ。しかし、この人魚

図42

情報には悪魚とは異なる重要な一文が記されている。それは、文末の「此魚を一度見る人は寿命長久し悪事災難をのがれ一生仕合よく福徳幸を得るとなり」という部分だ。これは人々に幸いをもたらす吉祥の幻獣ということを示している。〝悪魚〟が一夜にして吉祥魚に変身を遂げたのだ。もっとも、冒頭には、「越中国放生淵四方浦と申所にて猟船をなやましさまたげ候ゆへ鉄炮四百五十挺にてうちとめる」という記述があり、この人魚は人間に悪行をはたらいた悪者としてとらえられてもいる。顔も獰猛そうで「やさしき顔」と記された悪魚よりもむしろ悪い存在のようにさえ思える。それが「一度見る人は寿命長久し悪事災難をのがれ一生仕合よく福徳幸を得る」ほどのパワーを有しているのだ。その行動が人間にとってよいことであれ悪いことであれ、人魚は人智を超えた計り知れない力を人々に強烈に見せつけたのである。そうした不思議な力にあやかることによって、「寿命長久」「悪事災難のがれ」「一生幸せ」「福徳幸」を獲得することができる——こんな素朴な心情が放生淵の人魚には込められているのではないだろうか。

　この人魚には「両腹に目三ツ宛有」との記述があり、それが悪魚とは異なる大きな特徴でもあるが、こ

の腹の目は幸福を呼ぶ幻獣として知られる白沢（はくたく）と共通するものだ。「一生幸せ」「福徳幸」といった特徴に合った姿として、白沢のイメージが強く影響して腹の目がつけられたのだろう。こんなところからも人魚の変質がわかる。

図43もこうした人魚の力に頼って作られた造形物だ。鬼瓦は魔除けの願いを込めて焼かれる。同じような役目を人魚も担っていたのだ。波間から現れた人魚は、一方の手に宝珠、もう一方の手に巻物を持って、前方を凝視している。こうして厄災から家を守っているのである。

図43

明治二一（一八八八）年二月一日の『東京絵入新聞』に、医科大学で人魚の分析を行ったという記事がある。そのなかに、「昔しは火防に効ありて火事の時には水を吹くとかにて右の四ッ谷のは或る二三の諸侯で特効を賞したる極め紙ありと云ふ」と一文がある。「四ッ谷のは」とは、四ッ谷の薬種屋で秘蔵されていた人魚で、医科大学の研究に供されたものを指す。それが医科大学で分析されたことは相当注目されたようで、同年一月二九日の『東京日日新聞』にも取りあげられている。その記事は、「東海に産する所の人魚は種々の効験ある中にも別けて防火には特効ありてよく海水を吐き猛火を鎮むるとかにて、昔しは重宝の一に加へたる中にも四谷辺の或る薬種屋にて多年秘蔵する人魚は紀州、水戸、尾州の三家より特効を賞せられたる極め紙ありて……」と書き出している。このように火難除けとしても信仰されていたことから、家を守る幻獣としては打ってつけだったのである。人魚の瓦は厄災からの守りと同時に、火難除けとして用いられていたということだろう。

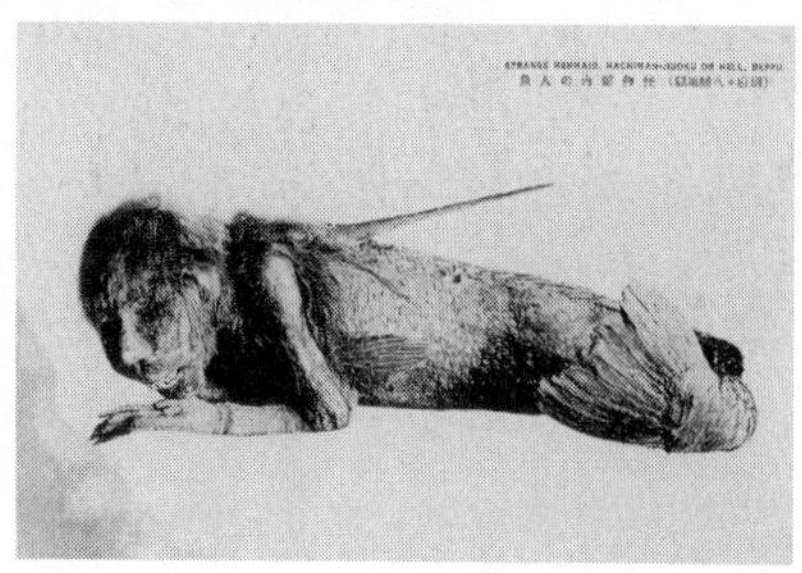

図44

図45

このように、人魚は不思議な能力を持った幻獣として語り継がれてきたが、近代になると単に見たこともない異形の生き物としてのみ扱われ、人智を越えた力を有するものとしての〝人魚〟像は希薄となってくる。図44は、別府八幡地獄の怪物館にあった人魚のミイラである。背中にある尖ったヒレ状のものが特徴的だが、顔は猿のようにもみえる。絵葉書として刷られたもので、右上の説明には「怪物館内の人魚」とだけ記されており、不思議な能力を持つものという点には関心が示されていない。図45も絵葉書。ここに登場する恐ろしい形相の人魚も、「人魚ミイラ　宝物」と書かれているだけで、焦点をあてているのは、不気味な姿形というところだけである。近代化とともに人魚という幻獣がいかなる存在で、どのような力を持つのかという情報は忘れ去られていったのであろう。

龍

聖獣

龍は聖なる獣として尊ばれている。頭は駱駝(らくだ)、頭頂は蛇、目は鬼、角は鹿、耳は牛、爪は鷹、掌は虎、腹は大蛇、鱗は鯉という特徴を持ち、あらゆる動物の頂点に立つものと考えられている。また、顎の下には逆鱗があり、笛を吹くような声を出し、うなり声は銅鑼を叩くようだともいわれている。龍は古来からよく知られていて、その出現の言い伝えは枚挙にいとまがなく、龍の遺物と称されるものものこされている。図46は、埼玉県秩父郡の法雲寺に

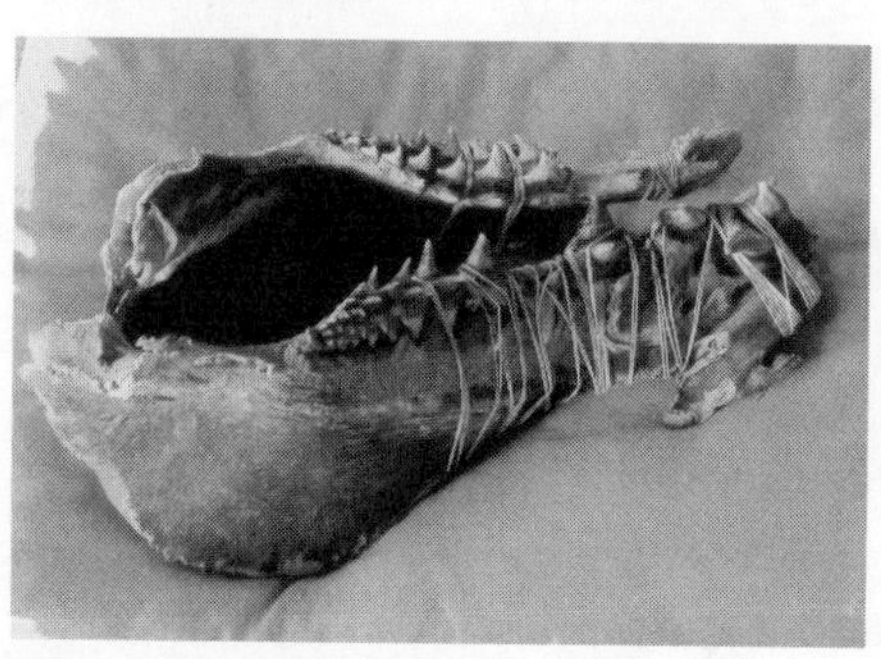
図46

寺宝として伝わる龍の骨である。言い伝えによると、寿命が尽きる前に善行を積みたいと願って昇天した龍の骨の一部で、上下の顎骨のようだ。法雲寺の山号は瑞龍山といい、龍伝説と関係があるのかもしれない。

図47は、大分県大野市の蓮城寺に伝えられている龍の尾である。蓮城寺は欽明一五（五五四）年に百済（くだら）からの渡来僧・蓮城法師が開山し、真名野長者が創建したとの伝承がある古刹である。一四〇〇年ほど前、真名野長者が三江郷内山から臼杵の海辺まで開墾した際、湖にすむ夫婦の龍と一六匹の子龍が埋立を妨害したため、長者は山王神の加護で龍を退治した。その時に夫の龍が妻と子龍を逃がすために、自らは逃げることができなくなり、尾だけを残して湖底に埋められたという言い伝えのあるものだ。

大阪市の瑞龍寺には、全長が一メートルほどの小型の龍のミイラが伝えられている。また、口絵5は中国からもたらされたとされる龍のミイラだ。立派な台の上に金網らしきもので囲われて仰々しく飾られている。この龍は菊池惣左エ門なる人物の父親が、親交を持つ明（みん）国人に資金援助したことから送られたと記されている。大きさは書かれていないが、四足五爪などの特徴が言い伝えの通りとも記されており、まさに龍のミイラのようである。ここに書かれた由来からすると、中国で作られたミイラということになる。

中国渡来といわれる幻獣のミイラは人魚などにもあり、中国でも日本と同じように幻獣のミイラ制作が行われていたのだろうか。こうしたいくつもの龍の遺物があるのも、誰もが龍の姿形を知っていたからにほかならない。

目撃証言

龍にまつわる言い伝えも各地に残されている。図48は、『甲子夜話』巻之三四に収録されている武雄（佐賀県武雄市）の池で目撃された白龍である。正面から描かれており、顔の大きさが七、八寸、体長は見えるところまでで二尋（約三・六メートル）ほど、水底の岩穴に潜んでいた。目撃されたのは宝暦一三（一七六三）年七月二一日のことだ。

明治一六（一八八三）年一〇月三日の『開花新聞』に大きな沼の底に棲む怪物の話が載っ

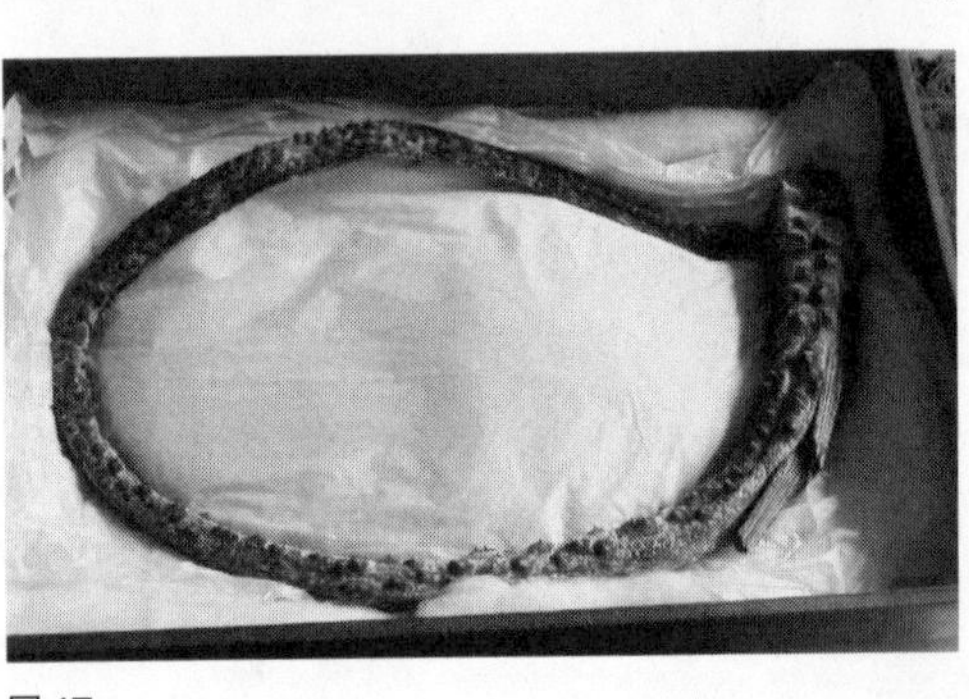

図47

ている。

近ごろ珍らしき怪物退治のお話しは、岩代国伊達郡長岡村の共有地に幅五十間長さ二百余間の大沼ありて、深さは三丈余りにして往古から水の涸れたることもなく苔むして物凄き。其の真中に竜かと思へば竜にも非ず、鰐かと思へば鰐でもなくして盆大の眼を開き光り爛々として四辺に輝き角の如く耳の如き者ありて、口は宛然両耳とも覚しき処まで裂け、最と鋭く尖りたる歯を顕し首の長さ二尺余りもある怪物の栖むを屢々見る者あるにぞ。村内一同協議のうへ去月十四日より村民残らず出払ひにて其の大沼の水を乾つくさんと、四個の水車を供へ三日三夜水除けに力を尽し、今怪物が顕るるか後には沼から逃出すかと乍恐〱しながら汲み乾せども、何分湧き出る水の多くして容易に怪物を生擒ことのならぬものから、尚ほも水車を多くし是非怪物を擒へんものとて、此の趣きを郡役所へも届け出で郡吏の出張を請ひ、沼の四方へ桟敷を設けて見物に供へ、専ぱら怪物退治に従事し居るよし。如何なる怪物だかしらねど、さても大袈裟な話しなるが、聞く処に依れば七十五年前にも水ほしに掛りし事ありしが乾尽ずして止みたりとか。何んだか不思議な事怪名。

図48

図49

古くから沼に棲む怪物の捕獲作戦が行われたが、失敗に終わったことがわかる。この怪物も龍のような姿をしているから、武雄での目撃と同じような事例なのだろう。

図49は遠江国（静岡県）小笠郡佐倉村の桜ケ池に関する伝承である。法然上人の師である阿闍梨・皇円が龍となって命を保って弥勒がこの世に現れるのを待つこととし、桜ケ池に龍身となって棲んでいた。法然上人がこの池のほとりで念仏すると、龍が出現し、皇円となって師弟が親しく話し、再び龍となって池の中に姿を消したというものである。

図50は「印度国海漫竜」なる刷物で、セイロンにおいて怪物が生け捕りにされたことが記されている。ここに描かれた龍は鰐のイメージが入り込んでいるようだ。日本には棲息せず、当時の日本人には未知の動物であった鰐は、龍を彷彿とさせるのには十分なものだったろう。

明治一九（一八八六）年五月一五日の『絵入自由新聞』に、つぎのような記事がある。

図50

英国人某氏が近頃清国白河の辺にて竜を見たると云ふ話しあり。其投書の転末を『北清毎日新聞』は可驚(おどろくべき)浮動物と云へる表題にて記して曰く。四月十二日の午後七時半頃白河を遡り北京に向はんとする時、驚くべき光ある浮動物の北より南に向って飛行し、天をも焼くかとの恐るべき有様なりしが、此時恰も太陽西に沈み西山尚ほ幾分の残暉(ゆうひ)を残せしが半月天に懸り星光赫々(かくかく)空に印し所謂長空万里片雲なき景色にてありし。余及び同伴の二友は晩食(やしょく)を終り船の頭に出で四方を眺望し居たるに、彼の怪物天に現はれ光采(ひかり)河水(みづ)に映じ吾人の眼目(め)も之れが為めに眩んとしたり。此の怪物の光り止んで後、一条の白色物空中に横はり其有様は普通支那人の画く竜に異るなし。此の白色物には頭あり角あり牙あり前脚あり尾あり尾は下方(した)に向って下がれり。此怪物の胴の中央(なかば)より光を放ち全体歴々見へざる所なし。時計を以つて之を計りたるに此怪物二十分間程現存し其間少しも運動せず。其の光采亦少しも減ずる所なし。吾人之を見て思はず、「竜なり〳〵」と連呼したるに甲板上に居る支那人及び引き連れたる僕(ぼく)隷も火急に甲板上に出で来たり「ロング、ロング、テーム、ロング」と呼びたり。ロングとは支那人の竜と云へる語なり。爾後余の聞きたる所に由るに北京なる露国(ろしあ)代理公使も同時に之を見たりと云へり。若し此怪物が他の時間に顕はれ出でたるならんには嘸(さ)ぞ見る人も多かるべきに、時間が時間にてありたれば多人数之を見るを得ざりしならん。此事や我の実見したる者にて決して疑なき者なり云々と有りぬ奇談〳〵。

この報道は中国においてイギリス人が目撃した龍の話を掲載した『北清毎日新聞』の記事をもとにして書かれた。このような二重三重の間接的情報は「印度国海漫竜」のケースとも通じるものがある。人々の龍のイメージには、こうした多様な要素が混在している側面もあるのではないだろうか。そこに何ら矛盾を感じることなく、外国における龍の話も、日本での龍伝説と同じようにすんなりと受け入れる素地があったのだろう。それは龍という幻獣の大きな広がりを示すものでもあるように思える。

雷獣

雷とともに

雷獣とはその名の通り、雷のときに空から落ちてくる幻獣のことだ。雷獣は落雷に驚いて木から落ちたモモンガなどからイメージされたともいわれているが、さまざまに記録された

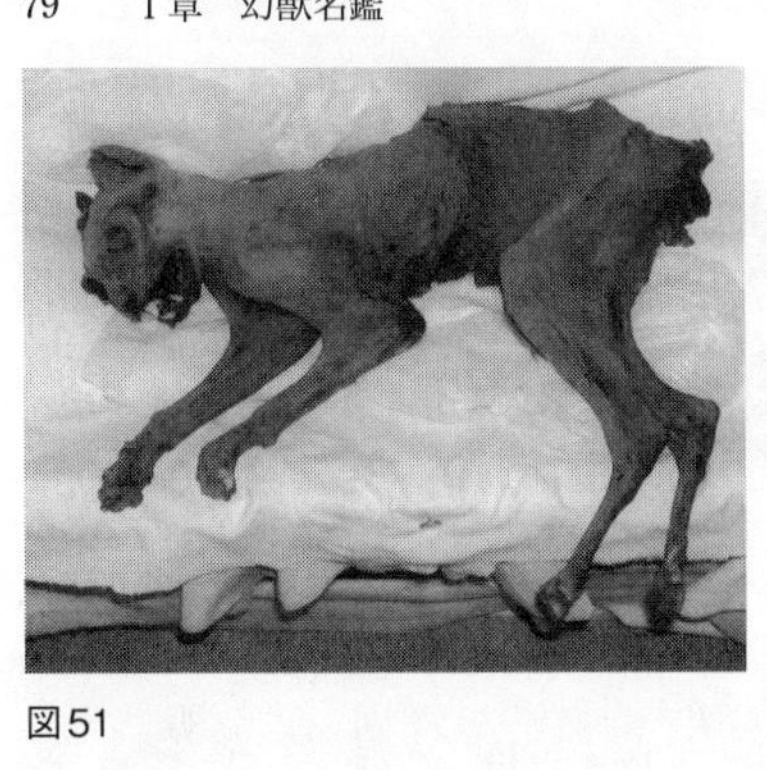
図51

雷獣をみると、この世のものとは思われない異形の生き物だったりすることもある。今日では、雷獣は河童や人魚にくらべて知名度もなく、忘れ去られた幻獣となっているが、江戸時代には誰もが知っている幻獣だった。それが明治以降の近代化のなかで徐々に消えていったのだ。これはどのような理由によるものなのだろうか。

前にも述べたように、江戸時代の人にとって、空の上は全くの未知の世界だった。海も未知ではあったものの、船で行き来したり、魚を捕る場であり、海との交わりは存在した。それに対して、上空は誰も行ったことのない世界で、あれこれと想像を巡らすしかなかった。空の上には自分たちの知らない何かがあると思うのも、当然といえば当然である。そこから雷という天空の異変で生き物が地上に落下してくる、それが雷獣だと考えたのである。

図51は、新潟県三島郡の西生寺に寺宝として伝わる雷獣のミイラである。体長三五センチほどで、猫のような姿をし、大きく牙をむきだして威嚇するような格好だ。口絵6は、静岡県の旧家の蔵から発見された雷獣だが、図51とは全く異なっている。由緒は不明で、「雷獣」と墨書された和紙に包まれてみつかった。

図53

図52

さまざまな姿形

描かれた記録も少なからずある。図52は、相州（神奈川県）大山の雷獣で、明和二（一七六五）年一〇月二五日という日付があるが、大きさなどは記されておらず、まるで狸のような姿をしている。図53は、享和二（一八〇二）年に琵琶湖の竹生島の近くに落ちてきた雷獣だ。二尺五寸（約七五センチメートル）ほどと大きさも記され、図52とは違うことが一目でわかる。鋭い牙があり、足には水掻き状のものがみえる。

図54は、享和元（一八〇一）年七月二一日に奥州会津の古井戸に落ちてきたもので、大きさは一尺五、六寸（約四六センチメートル）というから、図53よりはだいぶ小さい。水掻きがあり、鋭い牙が生えているところなどは共通する。これらは動物らしいタイプといってよい。

図55は、文化三（一八〇六）年六月に播州（兵庫県）赤穂の城下に落下した雷獣で、大きさは一尺三寸（約四〇センチメートル）ほどで図54に似た種類とも思えるが、下半身は省略したのか、実際にこうした姿だったのかは定かでない。こ

うした姿の雷獣は、きわめて特異で、普通の動物とは異なるイメージが漂ってくる。

しかしこれなどは序の口で、図56も雷獣なのだ。この雷獣は、芸州（広島県）広島五日市村に落ちたもので、異様な姿にまず驚かされる。蟹のようでもあり、蜘蛛のようでもある想像を絶する幻獣だ。四本の足には大きな鋏があり、鱗のようなものもみえる。大きさは三尺七寸五分（約一一四センチメートル）、重さは七貫九百目（約三〇キログラム）あまりとい

図54

図55

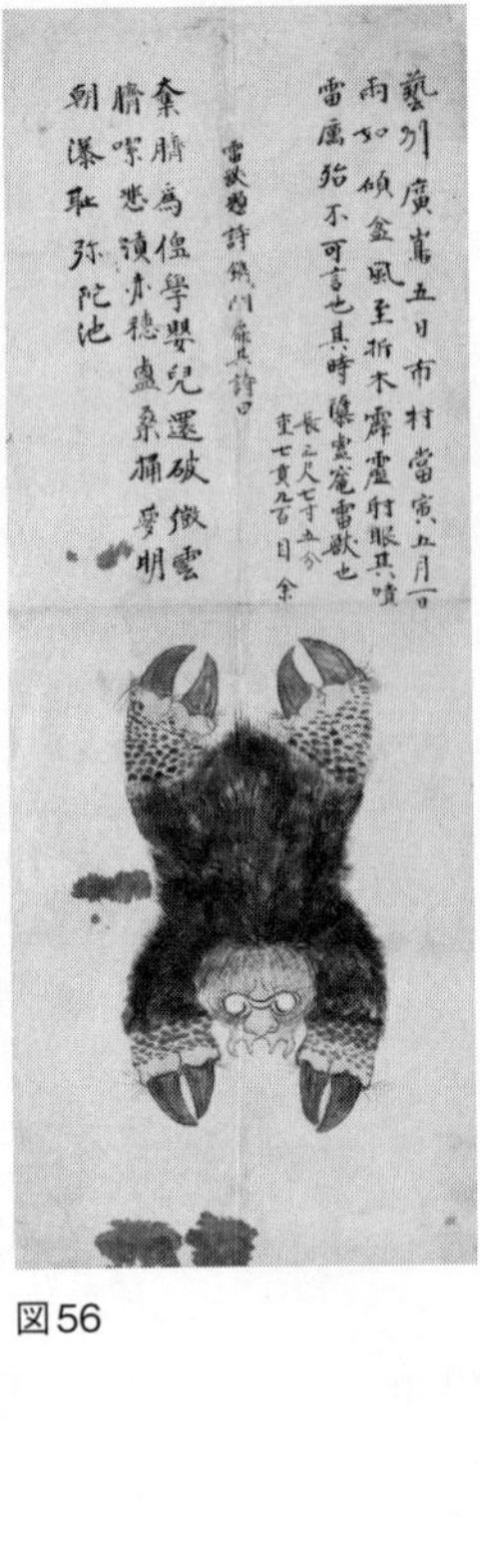

図56

図57

うから、実際に見たら相当不気味だったに違いない。こうした事例をみても、雷獣は雷のときに落ちてきた幻獣の総称で、姿形は決まっていないことがわかる。

情報の変遷

ところで、この不気味な雷獣が落ちてきたのは「寅五月一日」とだけあり、時代がわからない。しかし、同じ姿形の雷獣の情報はこれだけではないのだ。図57は『奇怪集』に収録されている雷獣である。「享和元年五月十日頃芸州九日市里塩竈へ落入死雷獣之図大サ曲尺四五寸」と記されている。図56の

「五月一日」が「五月十日頃」、「五日市村」が「九日市」といった多少の違いはあるものの、もとは同じ雷獣情報だったことはまず間違いないところだ。

さらに、図58も同じ雷獣といえよう。ここでは「享和元年酉五月十三日」となっていて微妙な食い違いがあるが、図57、図58とも享和元年となっているので、図56の「寅五月一日」は享和元年と考えてさしつかえないと思われる。図58では、「面如蟹額有旋毛有四足如鳥翼鱗生末有釣爪如鉄」との具体的特徴が書かれているので、絵だけではわからないイメージがつかめる。

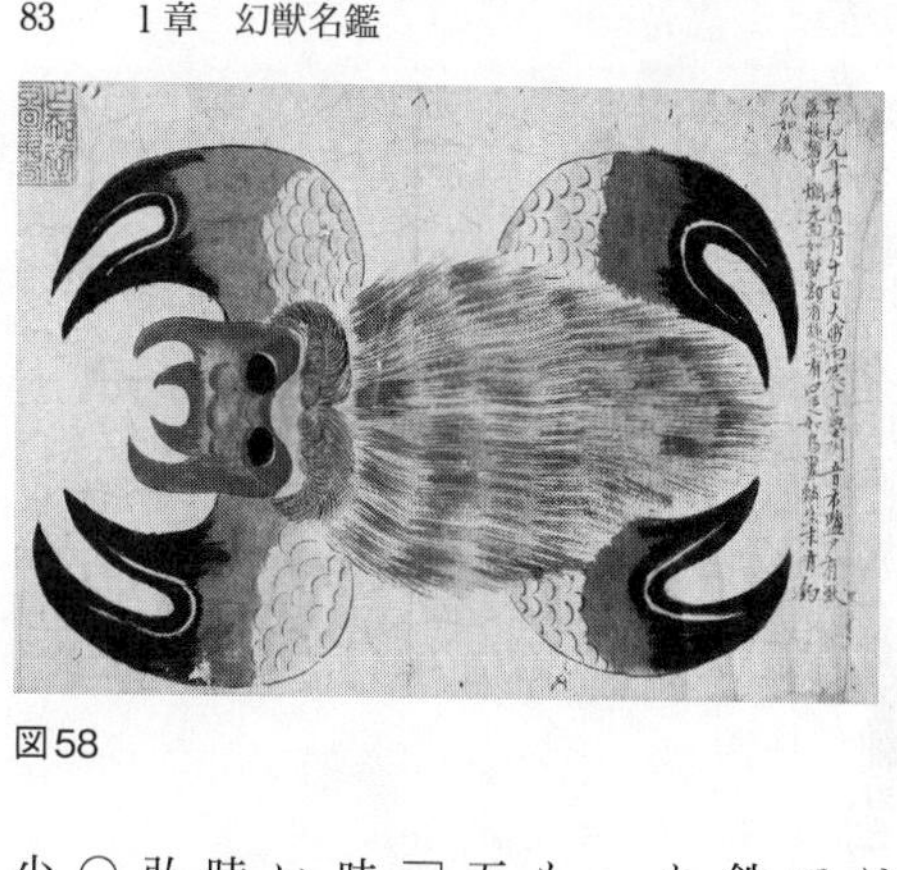
図58

この幻獣の情報は、ここに紹介した資料からだけでも広く伝えられていたことがみてとれる。図56は「寅五月一日」の前に、享和元年という年ではなく「当」と書かれている。これは当年といったような意味合いで、「享和元年」という記述とは趣を異にしている。すなわち、ここに記された情報は、享和元年当時のものと考えられるのだ。いっぽう、『奇怪集』は弘化四（一八四七）年に書かれていることから、約五〇年ほど下った情報である。そんなことから記述に多少の差異が生じたのだろうが、こうした事実は半世紀

図59

もの間、一つの情報がさまざまに伝えられていたことを裏付けているのだ。芸州の雷獣は姿形が雷獣のなかでも奇異なものだった。こうした、いわば幻獣中の幻獣は、多くの関心を集めて広く伝えられていったということだろう。

　築地の異獣などもそうした事例といえる。文政六（一八二三）年、築地の細川邸に落ちてきた幻獣のことである。図59の大きな一眼と角のように伸びた鼻が目をひく。「異獣之図」とあり、「文政六未年八月十七日夜大南風雨筑地鉄炮洲細川采女正殿屋鋪落タリ　形チ猫ヨリハチイサク鼬ヨリハ大也　犀ノ如ク又牛ノ如ク鼻下ニ一眼アリ　鼻薄ク桃色前足黒ク後足白ク　背頂黒事黒繻子ノ如シ耳狗ノ如ク裂猿ノ如シ鼻鳥ノ嘴ノ如ク　四足短ク爪猫ノ如ク歯並細カニシテ鼻胴ヨリ長シ臭気甚シク屋鋪内ニテハ甚タ禁シ犬ノ子ト云　背ニ三寸程疵アリ初メヨリ死シテ落タリ外江戸内三四ケ処落タリ」という解説が添えられている。

　これも空からは落ちて来たが、「大南風雨」とあり、雷はなかったようなので雷獣という表現ではなく「異獣」となったのであろう。鳥の嘴のような鼻を持った一眼獣というところが異様だ。細川邸ではこの異獣の存在を隠していて「犬の子」といっていたのは、あまりにも不気味な幻獣だったので、あらぬ噂が広がるのを恐れたということなのだろう。そうしたことも含めて、この幻獣情報は人々に強くアピールし、広く伝えられていったと思われる。

図60も築地の幻獣を描いたものだ。ここでは「怪獣図」となっており、ここでも雷獣といっていない。「文政六年癸未八月十七日夜暴風雨之節柳原細川采女正屋敷落」と図59にくらべて簡単な記述となっている。描かれた幻獣は図59より太っているが、長い鼻などの特徴は同じようだ。この幻獣の記録はほかにも散見されることから、その広がりが窺える。やはり幻獣のなかでも異形だったことが、数多く記録されていった一因だったのだろう。

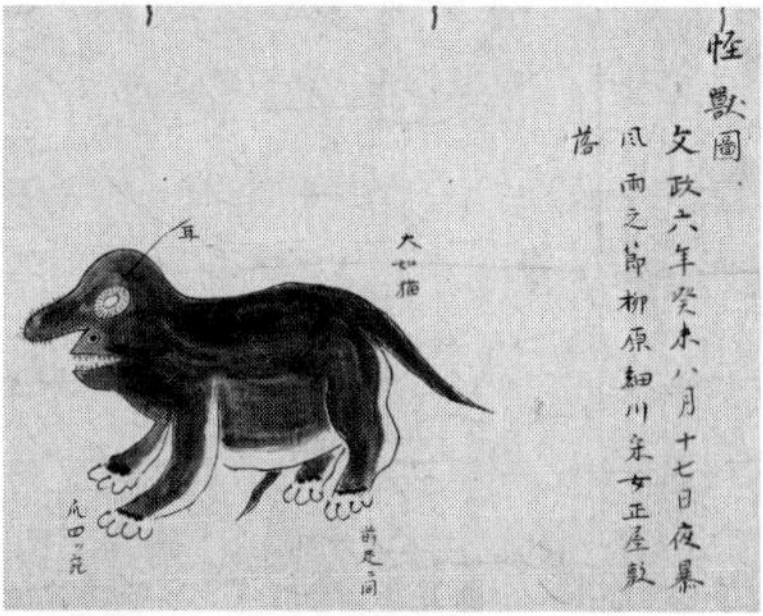

図60

空からの幻獣

空からの幻獣をもう一つ紹介しておきたい。図61である。この幻獣は「雷龍」と記されており、寛政三（一七九一）年五月晦日の明け方に因州（鳥取県）城下に落ちてきたものだ。雷龍とは聞き慣れない名称だが、恐らくは雷のときに落ちてきたものの姿がタツノオトシゴのようなので、雷獣ではなくて雷龍と名付け

図61

られたのであろう。鋭い牙と爪を持った不思議な格好をしており、大きさが八尺（約二・四メートル）というから想像を絶する幻獣だ。この雷龍に関して興味深い別の資料を紹介しておきたい。

図62は寛政三年五月四日夜に若州（福井県）の大浜沖に落ちてきたもの。長さが二丈（約六メートル）ほどもある巨大な蛇のような姿をした幻獣である。「白縮緬ニテ縫タル如シ」とその特徴が記されている。この記録には雷龍とは記されておらず、格好も違うようだが、両者とも落ちてきたのは寛政三年五月で、場所も因州と若州という日本海側の近隣の地方となっている。龍（蛇）状ということも、天から落ちてきた他の幻獣たちとは違った姿といえる。こうした情報からだけで両者に何らかの関連があるとは即断できないが、もしかしたら同じ情報が伝播するうちに少しずつ変質していったもので、もともとは一つの幻獣だったのかもしれない。

空からの訪問者は雷獣ばかりではない。しかし、「雷獣」は空の幻獣の象徴的存在で、雷獣といえば詳しく説明しなくても誰もが知っていた。そんなことから雷獣の見世物は少なくなかった。図63は明治四〇年二月一一日の『都新聞』に掲載された広告である。このように、雷獣だけを売り物にした見世物の広告があるほど人気を得ていたのだ。いっぽう、明治一二（一八七九）年八月二六日の『郵便報知新聞』には、つぎのような記事が載っている。

山口県下長門国豊浦辺は過る七月三十一日の午後四時頃より大雨盆を傾る如く霹靂（へきれき）の響き耳を劈（つんざ）く計りにて凄じきこと云はん方なく稍（やや）暫くして天地を砕くる一声せしは正しく上岡枝村の士族須村安晴の家傍へ落雷したるにて其辺の池中に一ツの異獣が溺死し居

図62

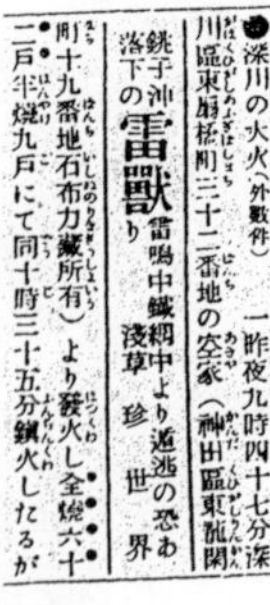

●深川の大火（外數件）　一昨夜九時四十七分深川區東扇橋町三十二番地の空家（神田區東龍閑町十九番地石布力藏所有）より發火し全燒六十二戸半燒九戸にて同十時三十五分鎭火したるが

銚子沖落下の雷獸　雷鳴中鐵網中より遁逃の恐あり　淺草　珍世界

図63

> たるを見出したり。其形は粗ぼ猫に似て稍大く足の長は七寸に過ぎず掌は熊の如くにて爪最も鋭く幅三分長五分計りあり。頭は犬の如く尾は狐に類して長八寸毛は栗毛にて柔かなり。顔甚だ獰悪なるは人をして怖れしむ是果して世に云ふ雷獣なる歟。県庁に於ては将来博物学の参考に供すべしとてアルコールに漬け差出すべき旨を勧業課より郡役所へ達せしめられしと聞く。実に近来の奇といふ可しと同地白鹿氏よりの通報なり。

雷獣は学術的にも関心の対象となっていたのだろう。それほどのインパクトを持った存在だったのである。

その他の幻獣たち

不可思議な生物

河童、鬼、天狗、人魚、龍、雷獣などは幻獣の主役たちだが、それ以外にも幻の生き物たちは姿を現している。しかし、その多くはあまり知られることなく、偶然に何かの記録に留められているだけの場合がほとんどといってよい。

明治時代の新聞からそんな幻獣たちをいくつかピックアップしてみたい。図64は明治三一

（一八九八）年六月二八日の『都新聞』に載った鳥のような姿をした燃えない幻獣である。記事には、「本月十三日北海道後志国高島郡祝津村なる佐佐木儀三郎と云へる者の死躰を同村に於て火葬したるに其腹中より図の如き畸形の動物火にも焼かれず出でたりとて同村駐在巡査より小樽警察署へ届出でたるよし。躰の長さ六寸位、足は蛙の如く長くして五寸位、尾は鼠の尾の如く頭及び総躰は鳥にして両翼あり。何ものなるか弁別し難しと云ふ」とある。

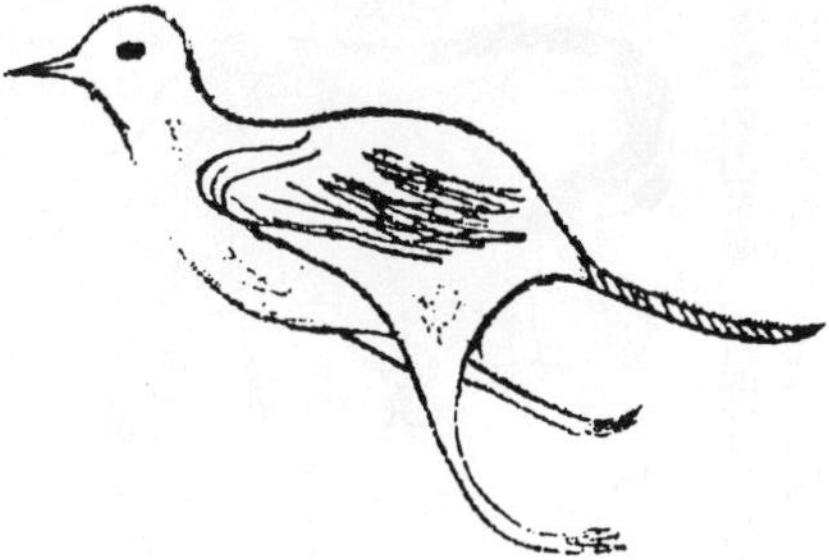

図64

図からすると鳥のような格好だが、何とも判然としない。火葬された遺体の腹から焼けずに出てきたということで届けられたのだろうが、江戸時代だったら因縁話が生まれ、尾ひれがつけられてやがては百物語などに収録されるような事例なのかもしれない。

　古くから言い伝えられていた幻獣の出現という話題もある。山芋が鰻になるという伝説があるが、その山芋鰻が捕まえられたのだ。図65がそれである。この図が載った明治一四（一八八一）年三月二四日の『普通新聞』の記事を紹介したい。

　先日一寸お約束申して置ました薯蕷の鰻に化しかけた形は縮図の如くにて其真形は総身一尺八寸計り

図65

余はイロハニの如く全化（ぜんか）半化（はんか）薯蕷の三部に分れしものなり。扨（さて）薯蕷の鰻に化することは書冊上や人の噂にて聞及びしことあるも正味正物の実形を見たは今を以て始とするが、其原因は如何なる訳にや。全く造化の戯れか薄識不聞の記者抔（など）は一向に知らざれば広く江湖の博識者に質問するこそ宜（よか）るべしと紙上へ掲載したりしが、或る博識の先生が記者に教へて言わるるは薯蕷の鰻となる位は珍らしくも何んともない、予が近隣の壮者は終始股間の一物が木に化したり娘は金に化したりする、とサモ仰々しく言ましたが考証家の一助にもと併て掲げ示したり。

この山芋鰻が新聞社に持ち込まれて記者も実見して記事になったということだが、江戸時代からの言い伝えの幻獣の実在が証明（？）されたわけだ。ほかにも図66のような半獣半魚のような幻獣を、「鹿児島県下垂水の浜へ揚りたる異魚の写。右者当四月十一日同浜より揚り之を見たる人に物言たきありさまなりしが即座に死去せし由、鹿児島県貫属某（なにがし）の来書中に得たる画なり」と明治五（一八七二）年七月六日の『東京日日新聞』が紹介している。

明治二四（一八九一）年四月一六日の『国民新聞』は、「此処に出せる図は去月三日肥後三角沖に於て玉名郡滑石村字晒（さらし）の船乗が見たる怪魚なり。此魚茶褐色の毛を生じ、頸に白毛

図66

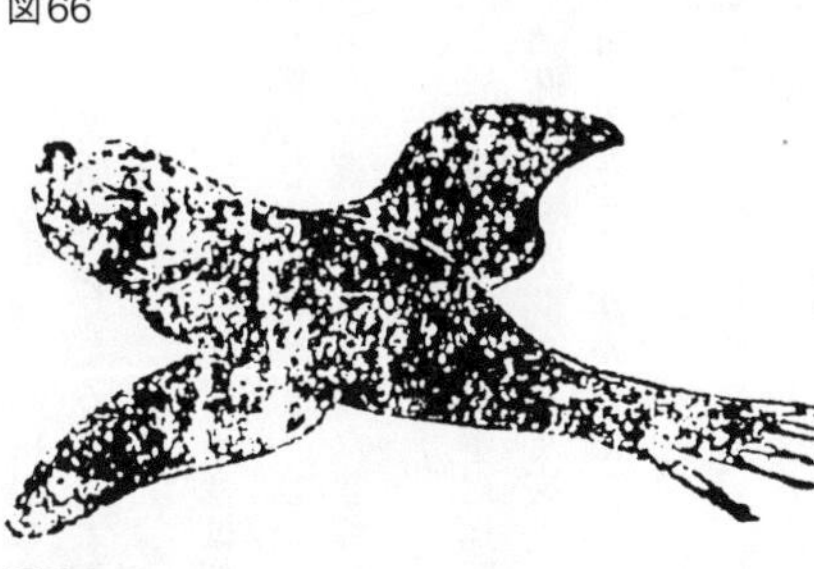

図67

の虎巻あり。尾の形は海老尻にして尖状なり。其泣くときはヲー〱〱の引声長く稍(やや)悲哀の声音を含み眼尤も鋭く凹なり。額は高くいでて耳長く垂る。人を見れば恐るるが如く身を沈む。其耳を打払ふ音烈しく海面一畝計り糞尿の為めに黒濁りとなれりと」いう記事を載せて、図67のような怪魚を掲載している。

音の怪異

こうした幻獣情報とは性格を異にするケースもある。明治一七（一八八四）年五月二六日の『岩手新聞』にはつぎのような記事が載っている。

> 些(ち)と旧聞に属すれど西和賀郡太田村よりの報に当村地内字深沢と云ふ所は、隣村猿橋村に接したる深沢にして松杉鬱葱(うっそう)と繁り日中にも物淋しき所にて往古(むかし)

> より怪獣の住む所なりと言ひ伝ひたる場処なるが、客月二十一日の夜猿橋村の某が私用ありて当村へ来る折、其所（そこ）を通りたるに笛太鼓三味線の音面白く聞こえたれば、某は是れ必定三四丁も隔りたる字幅と云ふ所の人家にて酒宴（さかもり）し居るのが聞ゆるなるべしと思ひ、何心なく幅まで来りたるに、面白き音は却ツて通り過ぎたる深沢の中は聞こえければ始めて驚き、此れ聞き伝ひたる怪獣の所業（しわざ）に相違あるまじと同所の人へも直ぐ告げたるが、夫れよりは該所を夜行するものなき程になりたり云々。

この記事では、深沢という鬱蒼とした山中に怪獣がいると言い伝えられていたが、そこから不思議な笛、太鼓、三味線の音が聞こえて来たとする。それを以て、人々は怪獣の仕業と断じている。しかし、誰も見たことがないにもかかわらず、怪獣がいるという言い伝えで音と怪獣を結びつけている。これぞまさしく〝幻獣〟だ。見たこともないが、その出来事から幻獣の存在を想像しているということだろう。

〝妖怪〟はもともとは〝気配〟であった。それがいつしかビジュアル化されて人々の前に身をさらすこととなった。この〝気配〟がこの幻獣にも当てはまるものといえよう。そういう意味からこの記事は幻獣の本質を考える上で大きな示唆を与えてくれているように思える。

巨大獣

以上、見てきたような幻獣とは少し趣を異にするケースについても触れておきたい。普通

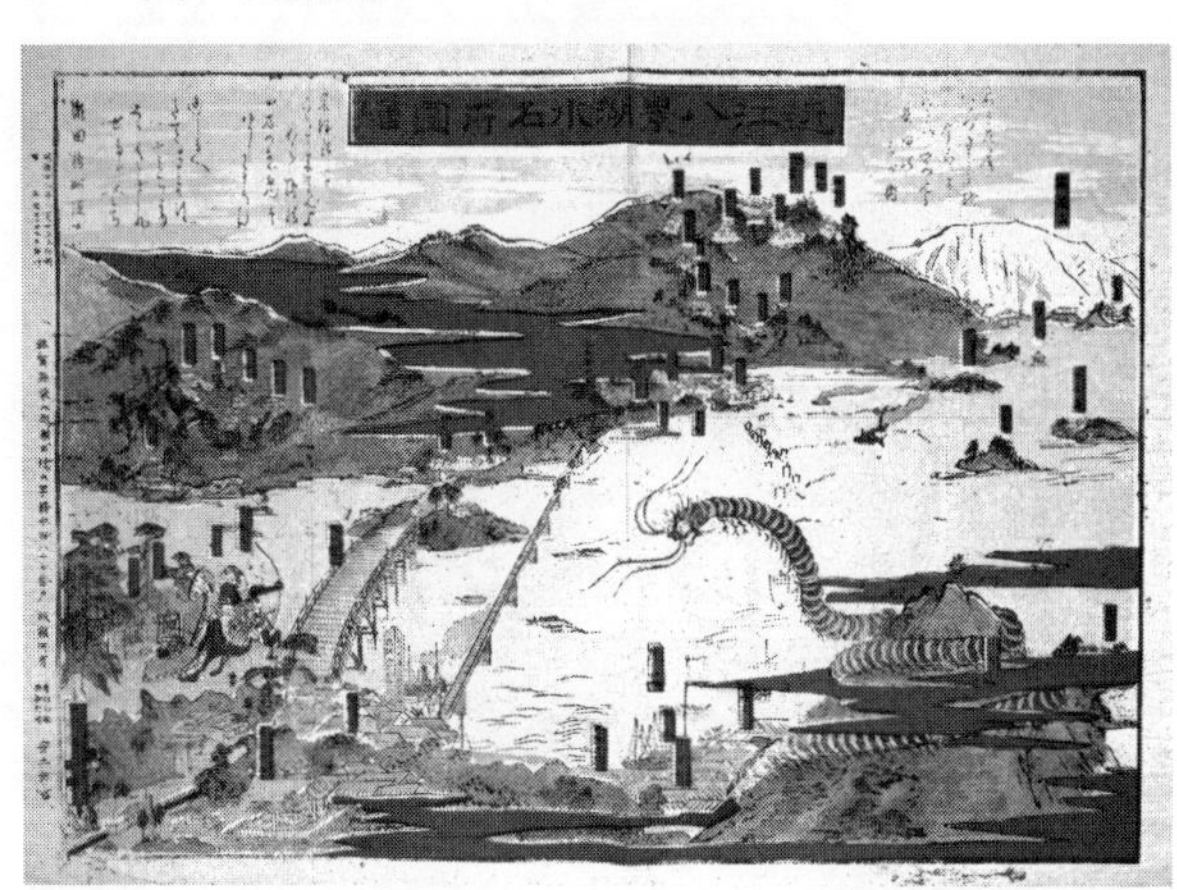

図68

の大きさならば何の変哲もないただの動物にすぎないが、それがあまりにも巨大で常識では考えられない生き物たちが目撃され記録されてきた例である。

大百足や巨大蜘蛛、大蛇などがそれだ。大百足の話で有名なのは、平将門の乱の鎮圧に活躍した俵藤太（藤原秀郷）が琵琶湖の神龍の願いによって、近江国三上山の大百足を退治したという伝説で、近江地方ではこの話を題材にした刷物が江戸時代から数多く出され、お土産として売られていた。図68はこうしたものの一つで明治時代のものである。左端には俵藤太が弓をひく姿が描かれ、右端には巨大な百足がとぐろを巻いている。

これほど巨大でないものの、想像を超えた大百足の話は散見される。図69は大阪の与力町の家に出没した大百足だ。この話は日恒明貫「大阪妖怪画談」（『上方』三三号　昭和八年九月一日発行に収録）につぎのように紹介されている。

大阪市北区与力町に百足屋敷と称する家あり。此の家無家賃にしても住む人無き不思議の家なりしが、明治廿七八年頃の事、森何某と云へる人あり、或る事情にて永らく主人は不在にて、妻女一人暮しなりしが経済上の事も有りしによりて右の百足屋敷へ移転せり。其の後二三日の間は何事も無く過せしに、五日目の夜半の事、枕元の縁先きの障子が、ガサ〳〵〳〵と音を立てしに、不図目を覚まし障子を見れば、障子の外側をば巾約一尺ばかり、長さは凡そ一丈余も有らんと思はれる大百足が、縁先きより天井裏目がけて登りつゝある

図69

姿が、折から雲間を透して照らす月の光りに写されて百足の下半身と思はるゝ四五尺ばかりの影が、ガサ〳〵〳〵と恐ろしい音を立てゝ登つて行く。妻女は驚天して表へ飛び出し其の晩は近所の家へ泊めて貰ひ、よう帰宅せず、翌朝早速他に家を求めて転宅したり。斯かる事が近所へ知れ渡り、以前にも増して近附かざる様になりし故、遂に此

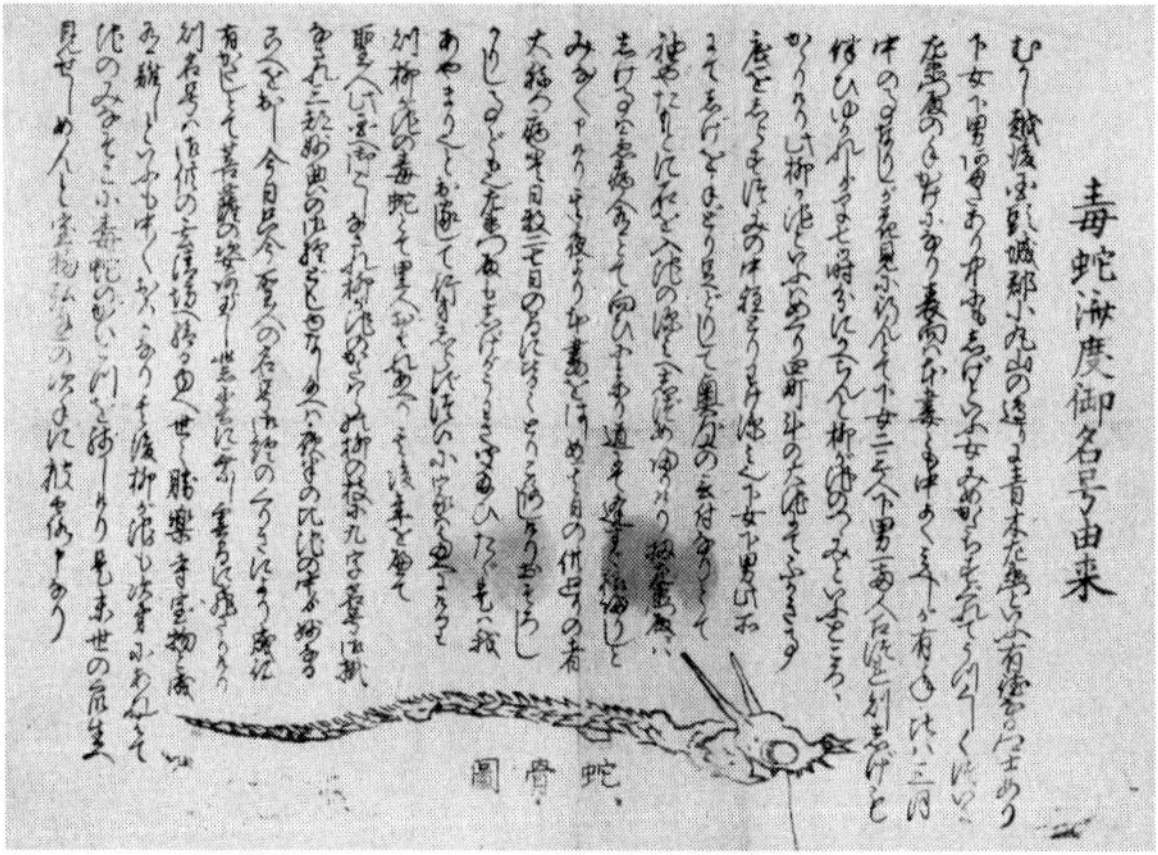

図70

の家を取壊し、其の趾に百足稲荷として祀りしとぞ。世には大いなる百足の棲息し居るもの哉。筆者右妻女より直接聞きし実話。

大蛇出現の記録は、枚挙にいとまがないほどあるが、不思議な霊力を持つ幻獣として記録されているケースも少なくない。図70は「毒蛇済度御名号由来」と題された刷物で、下に「蛇骨図」なる絵が描かれている。頭には角が二本生えていて蛇よりは龍のような姿だが、この骨が越後国（新潟県）頸城郡の池の底にあったのだ。絵の文章はその由緒を記している。それによると池に投げ込まれた女が恨みから毒蛇となるが、高僧により成仏し、毒蛇の骨だけが残ったとする。

巨大魚の記録も多い。図71は新聞錦絵

図71

「東京日々新聞」六九七号に描かれた鰐魚だ。鰐魚に呑み込まれそうになっている船員を描き、つぎのように記している。

度会県下志摩の国甲賀の浦に鰐すみて暴風雨の其折は不斗して浮み出る事有り。全身海草蠣貝附て巌にひとしき形相あり。折々舩を覆し人を害する事ありしが近頃哀な一話あり、何方の浦を船出せし商船なるが此沖にて火を失ちしが船中の乗組一同力を尽し消止んと働けども火勢次第に蔓延てせんかたなぎさに救ひの船を呼ばんとなせし折柄に海底俄に鳴動なし渦巻く波間に彼の鰐が現れ出て口を開、猛火に懼れて海中へ飛入る船子をガバと呑む其恐しさに救わんと近寄る船も逃散りしは浮屠師が説る幽冥の有様かくやとそは思はれたり。炎は益々激くなり、船は跡なく焼失て壱人も助る人なきは本年五月の事なりけり。

この記述からも鰐魚の恐ろしさが伝わってくる。明治一八（一八八五）年八月二七日の『絵入自由新聞』にも、潜水夫を潜水機械ごと食べてしまう獰猛な鰐魚が函館港の海底に何匹も棲んでいることが記事となっている。

此程中函館港に碇泊中の日本形商船大和丸と云るが、出港に際し碇を引上げんとせし時碇綱を切らし、誤まつて碇を海底へ遺失しゆゑ其儘出船を見合せ本月十八日同港内間町の潜水機械師星野辰蔵に拾ひ揚る事を依頼しに、同人は稼業の事ゆゑ容易く承知し例の潜水機械を着て海底へ沈みし処ろ、海面俄に波立ち水上に浮びて彼の空気綱を持居たる元船の水子も波を浴び、船は次第にゆらめきて海底に沈み入たる辰蔵に引かれ矢庭に弁天町砲台沖まで漂よひ出し、折しも潜水機械に附しある空気綱と辰蔵の腰に附したる細引の緒もろとも中程より弗ツと切断れ、憐れむべし辰蔵の行方は跡しら波と消失たり。古老の説所に依れば同港には俚俗穴間と唱へ函館山の後に当り海中に突出たる天然の大穴ありて其深さ幾千尋なるを知らず、此底には数尾の鰐魚棲居て毎年二三人宛命を取られ或は船を覆がへされ種々の難儀に逢ふ者あれば大方辰蔵も此穴間に引込まれ鰐魚の餌となりたるならんと喋々言伝へ、潜水を渡世とする者も爾来恐れて海中に入らずと一昨日同港より出京せし或人の直話なり。

図72

また、とてつもない大きさの山猫の目撃の記録もある。図72は明治一一（一八七八）年五月一五日の『東京絵入新聞』に載った、伊予の深山に棲み猟師を襲った巨大な山猫だ。愛媛県御庄郷という高知県との境の深山で牛のような大きさの獣を発見したが、襲いかかられて木に登って逃げ、追う獣の口のなかに鉄砲を撃ち込んでやっと退治したというのだ。記事の最後は、「年歴る山猫にて量目は二十貫目の余もあるべき稀なるものなれば皮をば剝て同県の博覧会へ出品せむとて専評議をして居るとぞ」と結ばれている。二〇貫目といえば七五キログラム以上もある想像もできない猫だ。口に鉄砲を撃ち込むまでは銃弾が命中しても倒れなかったという記述も頷ける。

明治二一（一八八八）年一月一五日の『土陽新聞』にも、高岡郡角山に接する高知県幡多郡大道村の山奥で、猟師の親子がまるで虎のような山猫を格闘の末に仕留めた、とある。記事は、「父子力を合はせて討斃(うちたふ)し蔓(かづら)に縛ばりて家に帰りて其量を衡(はか)り試るに、十七貫の上に出で、其容姿は尋常の猫に似たれども全身に松脂(まつやに)を塗り之に土砂を貼け、其堅固なる恰も岩石の如き者なりと」とこの山猫を記している。いずれも四国の深山幽谷に棲む巨大山猫の話であった。

こうした動物にきわめて近いところに位置するまぼろしの生き物たちも、数多く目撃、記録されて幻獣世界を彩っているのである。

2章　予言する幻獣

幻獣のなかには未来を予言し人間に伝えるものたちがいる。彼らは「予言獣」と呼ばれる。しかし、「予言獣」という言葉は必ずしも一般的ではなく、具体的に何を指すのかイメージがすぐには浮かばない人もいるだろう。それくらい、「予言獣」はまだまだ知られていない分野といえる。

しかし、それは今まで予言獣に関する資料があまり発掘されていなかったからで、予言獣が重要でないというわけではない。むしろ、予言獣は人間とコミュニケーションをとる幻獣としてきわめてユニークな存在で、予言獣を調べることは幻獣の本質を知るうえで大きな意義を有すると思われる。それは、そこに社会状況が浮き彫りにされているからであり、予言獣を通して父祖たちの声なき声に耳を傾けることができるからなのである。

件

出現のとき

さて、一口に予言獣といっても一様でない。もっともよく知られているのが体が牛で顔が人間という件(くだん)だ。件の予言は決して違うことがないことから、江戸時代の証文の最後に「如件(くだんのごとし)」と記すのは、そこに書かれた内容に相違なく、それを必ず守るという意味だという説明がなされることがあるくらいだ。薬の商標に件の姿を用い「如件」と書かれたものもあり、これなども間違いなく効能がある薬だとアピールしている広告といえよう。それくらいに件の予言は違うことはないという話は浸透していたのである。

件の話は江戸時代だけのものではない。明治時代にも、件出現を信じて大騒ぎをするといったことが記録されている。明治三〇（一八九七）年五月六日の『中国』にはつぎのような記事が載っている。

備后国福山町地方にては先月下旬頃より誰言ふとなく東城に件が生れたれば本年は恐るべき大悪疫流行なすべく、不幸にして此の病に罹らんか如何なる名医名薬なりとも治するに由なく有らゆる苦悶を重ねつつ遂に死地に入らざるを得ざるべく、若し此の悪疫を避けんと欲するならば須らく所々の神社に建立し有る石の鳥居七つを河川を渡らずして潜らざるべからずと。此の流言一度び福山閭巷に伝はるや、迷ひ易き愚夫愚婦は云ふに及ばず甚だしきに至りては土地に紳士紳商とも言はるる者まで我れ先きに其が鳥居を通らんとて競ひ居れりと。然れども到底河川を渡らずに七つの石鳥居を潜らんは出来得べからざる事なれば、昨今は各町内毎夜の如くに協議を凝らしつつ河川の有らざる場所を撰んで石鳥居を建立し、以て其の悪疫を遁れんものをと大に運動なし居る由、何者の痴漢が徒らに斯かる浮言を閭巷に弄して人心を攪乱せんとはなしつる。察するに之れも近頃流行る詐欺者の何事をか為めにする処ありて流布せしめし言ならんか。それにしても流言に迷ふ者こそ愚かなれ。

図1

明治時代に入っても、コレラや赤痢で毎年のように多くの人が命を落としていたため、流行の年などは誰もが恐れおののいていた。こうした背景があって、この記事のような出来事が起こったのだ。噂を信じて皆が七つの石鳥居を潜ろうとし、それが不可能だとわかると鳥居建立を話し合う。石鳥居建立には相当な費用がかかると思われるが、地域を挙げてそれを実行しようと真剣に協議しているのだ。二十世紀もあと数年に迫っている時代にこうしたことがあったとは驚きだが、それほどに件は人々に信じられていたという証でもある。

江戸時代の記録

図1は、丹波国（京都府）に出現した件を報じたものである。それによると、図に

描かれた姿の件が天保七年（一八三六）一二月に倉橋山に現れた。古い記録には宝永二（一七〇五）年一二月にも出現し、その翌年から豊作が続いたと記されているとも説明しており、件の言い伝えが長い時代を経て生き続けていたことがわかる。文末には、件の絵図を張っておけば家内繁盛、病気除け、大豊作となるめでたい獣だと記しており、冒頭のタイトルも「大豊作をしらす件と云獣なり」とある。すなわち、ここではとくに予言したわけではな

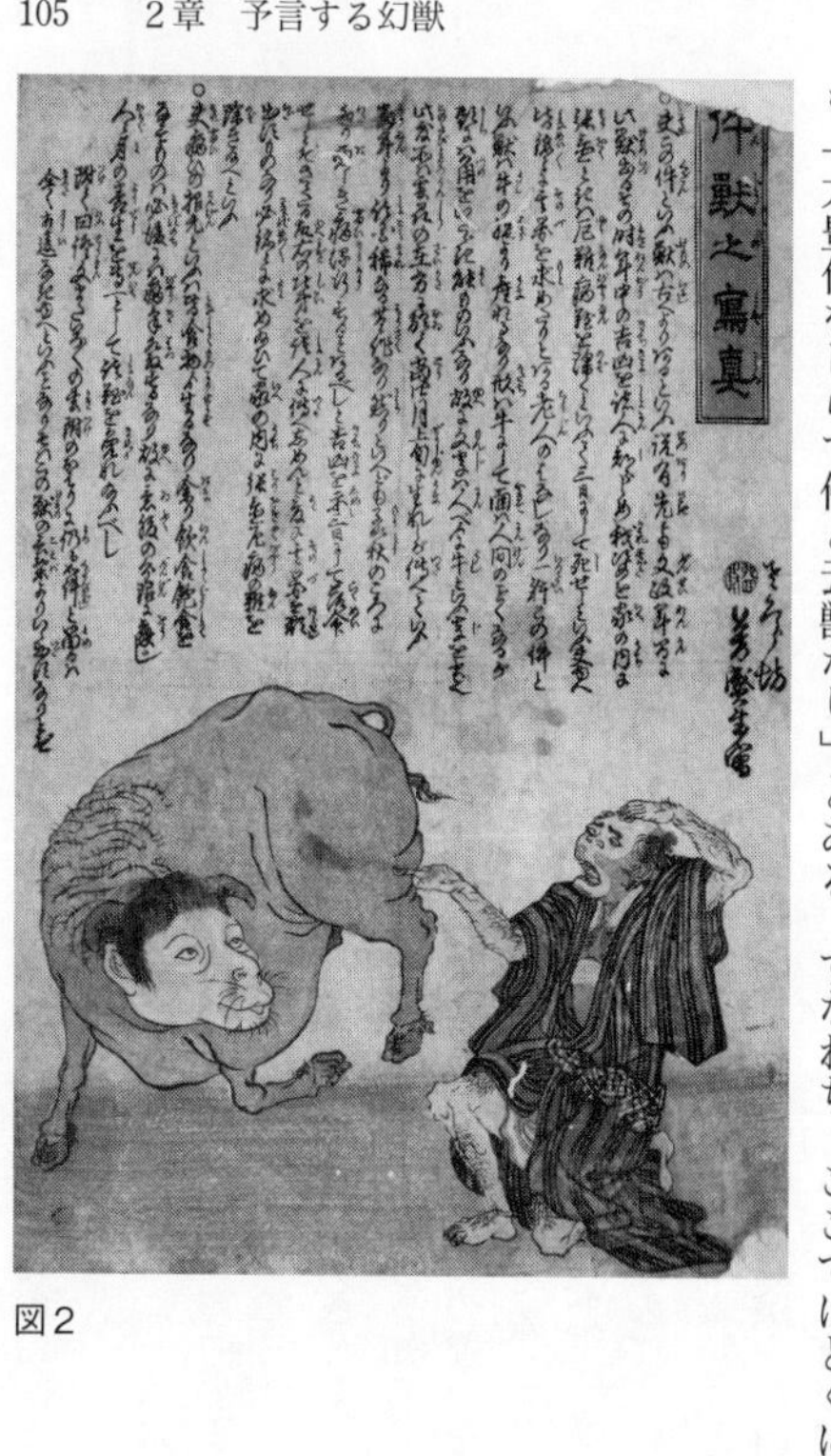

図2

さそうだが、吉兆の幻獣として位置づけられているのである。

図2は、慶応三（一八六七）年四月上旬に雲州（島根県）の在方で生まれた件で、豊作と疫病の流行を予言して三日で死んでいったものと記されている。まさしく件が予言を人に伝えたのだ。必ずしも良い知らせばかりではなく、丹後に出現した件との違いを見て取れる。明治三〇年の『中国』に報じられた件のケースでも「件が生まれたれば本年は恐るべき大悪疫流行なすべく……」とあるように、件の出現自体が凶事としてとらえられているのである。このように、件の出現をどのように感じていたかは必ずしも同じではない。しかし、件が予言する幻獣だということは、周知の事実だったといえよう。件の出現が吉か凶かはそれを受け入れる人々の心情と世の中の状況とによって一定ではないということなのだろう。

図３

件の訛りなのだろうか、クタへ（クダベ）という人面獣が越中（富山県）立山に現れたという記録も伝えられている。図3はこうした記録の一つである。山に薬草採りに入った男の前に出現して、山に久しくすむクタへと名乗り、四、五年のうちに何ともわからない病が流行すると予言して、自分（クタへ）の姿を描いて難を逃れるように告げたという。

件というもの

日露戦争を予言した件が剝製となって私設の博物館に展示されていたということもあった。それを伝えた明治四二（一九〇九）年六月二一日の『名古屋新聞』の記事を引用して、明治四二年七月一五日の『大阪滑稽新聞』は、件について論述している。その記事のなかに、「普通の牛が斯かる牛体人面の児を産む筈はない、これは察するところ人間の種ではあるまいかと思はれる、聞くところに依ると実際ある地方抔では近年でも牛と姦すると梅毒が治るとか、犬と通ずると痳病が癒ゆる抔と迷信して、浅ましい真似を敢するものがあるようで……」と書かれている。明治末になってもこうした迷信が生き残り、人面牛体の件が生まれることと関連づけられて語られていたのだ。こうした因縁話は見世物の恰好なネタとして語られていったことだろう。

見世物としての件のミイラや剝製も伝えられている。図4は別府の八幡地獄の怪物館にあった件だ。この件の絵葉書は、怪物館でお土産として売られていた。図5、図6も件の絵葉書だ。どちらも同じ件だが、図5には、「支那上海市北四川路にて牛の母体より生れたる件」と記されているのに対し、図6では、「支那上海市四川路ニテ牛ノ母体ヨリ生レシ件」とあり、別個に印刷された絵葉書だったことがわかる。この絵葉書の件が実際に何処にいたのかは不明だが、二種類の絵葉書があったことからもそれなりの人気が窺える。これら件の絵葉書には件とはいかなるものかという説明は一切書かれていない。言い換えれば、件はあ

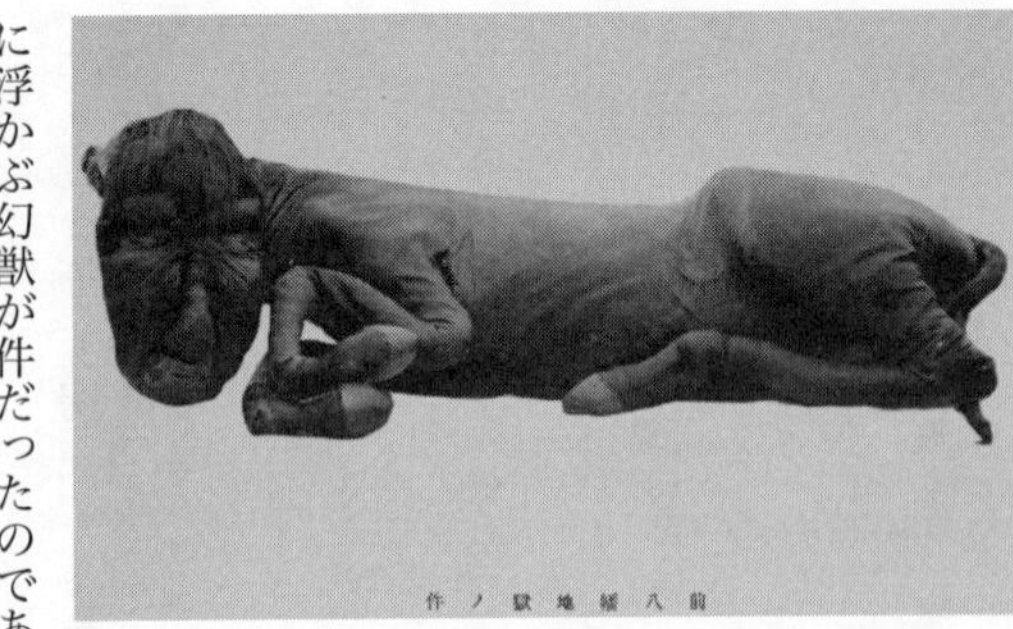

図4

図5

図6

えて説明する必要がないほど広く知られた幻獣だったといえるのではないだろうか。予言といえば、すぐ頭に浮かぶ幻獣が件だったのである。

しかし、近年、予言獣についての新しい資料も日の目をみるようになってきた。こうした状況を踏まえながら、件以外の予言獣についても見ていきたい。なかでも私はアマビコという予言獣に興味を持って調べてきたので、まずアマビコからみていくこととしたい。

アマビコ

アマビエの登場

京都大学附属図書館に一枚の瓦版が所蔵されている。この図7の図版は、一九六〇年に刊行された小野秀雄の『かわら版物語』にも紹介されているので以前から知られていたが、その後、妖怪をテーマとした展覧会が全国各地で開かれるようになって出陣され、多くの目にふれられるようになってきた資料だ。

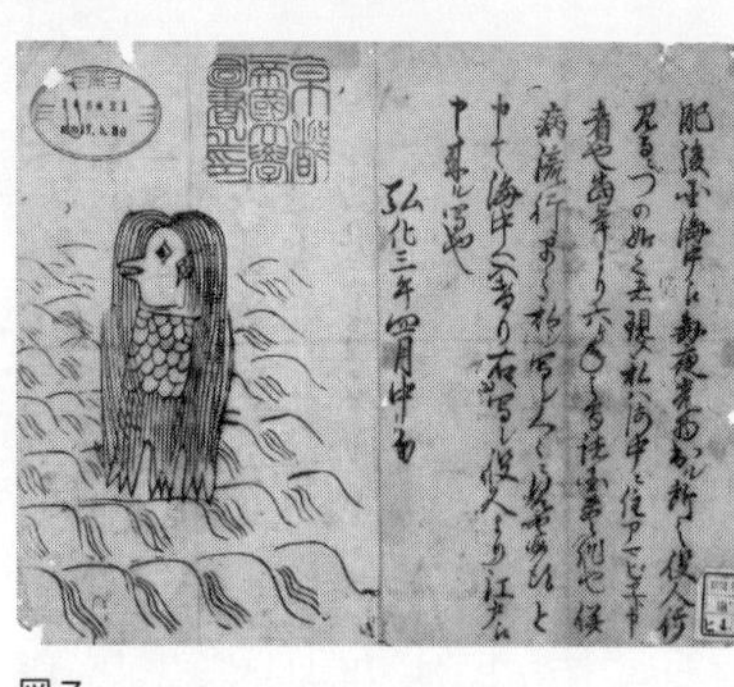

図7

　左に波間から出現した髪の長い得体の知れないものが描かれ、右には「肥後国海中へ毎夜光物出る所の役人行見るに図の如の者現す　私は海中に住アマビエと申者也　当年より六ケ年の間諸国豊作也　併病流行早々私し写し人々に見せ候得　と申て海中へ入けり　右は写し役人より江戸へ申来る写也　弘化三年四月中旬」と記されている。肥後（熊本県）の海中から出現したアマビエなる幻獣で、豊作と疫病流行を予言し、自分（アマビエ）の姿を描き写して人々に見せろと言い残して海中に姿を消したというものである。関連資料が発見されなかったこともあり、この瓦版が紹介されるときは、書かれてある内容と描かれた幻獣がアマビエだということくらいしか解説がなされなかった。肝心のアマビエとはいかなる幻獣なのかといったことに言及されることはなかった。

私も勤務先の博物館で一九九三年に妖怪展を開催したが、そのときにこの瓦版を展示した。当時からこのアマビエには関心があり、その名前の由来などにも考えをめぐらせていた。どんな妖怪にも名前の由来があり、それを見つければアマビエの正体もつかめるのではないかと思ったからである。しかし、カタカナで書かれたアマビエをどんな漢字にあてはめて書くことができるのかといったことさえ皆目見当がつかなかった。当時、この瓦版を紹介した書籍のなかにはアマビエをアマエビとしているものがある。海中から出現するということからアマエビの化身とでも考えたのか、あるいは単なる誤記で「ビエ」を「エビ」としてしまったのか定かでないが、いずれにしてもアマビエはそれくらい調査されていなかったのである。私は展覧会終了後もアマビエの正体を気にかけて江戸時代の記録などを調べていたが、なかなか関連資料を発見することができないでいた。

名前の由来

そんな折、予期しなかった明治時代の新聞から関連する記事を見つけるにいたった。最初に見つけたものは明治一五（一八八二）年七月一〇日の『郵便報知新聞』に掲載されていた。

　本所外手町四十二番地の伊沢まさといふ後家が、ご苦労にも三四日跡より町内はいふに及ばず隣町までを走り廻り、軒別に虎列刺除（これらよけ）を差上げますと配り歩きし半紙四切ほどの摺物を見ると、下には猿に似たる三本足の怪獣を描き、其上に平仮名を以て「肥後国熊本御領分真字郡と中処に、光り物夜な〳〵出て猿の声にて人を呼ぶ。同家中柴田五郎右衛門と申者見届候処、我等は海中に住むあま彦と申者なり、当年より六ケ年間豊作、しかしながら諸国病多く人間六分死す。然れども我等の姿をかきしるすものは病気にあはず。此事よく諸国へ相ふれ候様申置き、何処（いづく）ともなくうせにけり」と記せり。是安政五年初めて江戸にコロリと称する悪疫流行の際、何者かが此画像を印刷して声高に市街を呼歩き多くの利を得しと同様の物にて、文言の一字も相違せぬを以て見れば、此婆さんが古巾着の中から見付け出せしまま、人助けとか後生の功徳の為めとかいふ量見にて、其儘を翻刻して配りしものならんか、今時は此様な事にて安心する人はござらぬ。

この記事に書かれた「あま彦」の特徴の三本足は図7に描かれたアマビエのそれと一致するばかりでなく、肥後国に出現した海中に住む光を発するものということまで酷似している。豊作と疫病流行を予言したことも同じだ。こうしたことから「あま彦」は「アマビエ」と同じ幻獣を指していると思われた。しかし、「あま彦」と「アマビエ」という名称の違いはどこからくるのか不明だったが、『郵便報知新聞』の記事を発見できたことで、新聞記事をさらに調べれば新たな資料を発掘できると確信して調査したところ、数点の関係記事をピックアップできた。さらに、江戸時代の肉筆や刷物も発見できた。それらについては順次ふれることとするが、いずれの資料も「あま彦」「尼彦」「天日子」「海彦」という記述で、「アマビエ」なるものは図7の瓦版以外には発見することができなかった。こうしたことから、この幻獣は「アマビコ」と呼ばれていたものと推断した。

では瓦版ではなぜ「アマビエ」となっていたのだろうか。瓦版の記述中に、書き写されて江戸に情報がもたらされたといった内容があるが、まさしくそれが「アマビエ」という呼称が生まれた原因だろう。すなわち、「アマビコ」なる存在を知らない者が転写するときに「コ」を似通った字の「エ」と書き写してしまい、その情報が瓦版の情報として今日まで残ったのである。さらに、この幻獣に関する資料がこの瓦版しか確認されなかったために「アマビエ」という名称が使われていたのである。すなわち、私の結論として「アマビエ」という名称の幻獣は最初から存在せず、「アマビコ」が正式名称であると思うのである。

アマビコという読み方

ちなみに、私は「アマヒコ」と呼ばず「アマビコ」と濁った読みをしている。これについて少し私見を述べておきたい。明治時代の新聞は漢字にルビをふっていることが多く、「アマヒコ」としていたりするものがあるが、当時の新聞は地名や人名といった固有名詞でも、正式名称とは違う読みでルビをふっていることは珍しくなく、よく調べたうえで正しい名称を採用するのではなく、読者が読みやすいように単にルビをふることが一般的に行われている。「アマヒコ」もそういった例と思われる。では、「ビコ」と濁らなければならない理由だが、それも図7の瓦版に求められる。すなわち、この瓦版は「アマビコ」と書かれていたものを「アマビエ」と転写したのだが、「コ」と「エ」が似通っているために写し間違えたとしても「ヒ」と書かれているものをわざわざ濁点を打った「ビ」と転写する可能性は少ないであろう。やはり、最初から「ビ」と書かれていたと考えるのが自然ではないだろうか。

もう一つの理由は「アマビコ」という名称にある。『画図百鬼夜行』に「幽谷響（ヤマビコ）」という妖怪が描かれている。犬のような猿のような不思議な格好をした妖怪だ。「幽谷響」には「やまひこ」とルビがあるが、読みは「ヤマビコ」で、濁らなく書かれていても濁って読むことは一般的に行われていた。ヤマビコとは山で人間に応答する妖怪で、いわゆる「こだま」現象から生まれたものであろう。

私はこのヤマビコという名称と同じような使われ方としてアマビコなる名称が生まれたのではないかと推察している。すなわち、ヤマビコが山の声であるのと同様に、アマビコはもともと「天響」と書いて天の声を伝える幻獣を意味していたのではないだろうか。もちろん、まだ「天響」なる書き方のアマビコ資料には出会っておらず、想像の域に留まっている。こうした自分なりのいくつかの根拠で私は「アマビコ」と濁って記しているのだ。

海生か陸生か

話が少し逸れてしまったので、本題の予言獣としてのアマビコに戻してみたい。

図7に描かれたアマビコは三本足という特徴を持っている。これは明治一五年の『郵便報知新聞』の記事でも確認できるアマビコの特徴だ。この特徴をもっともよく表しているのが図8である。これは越後国（新潟県）浦辺において天保一五（一八四四）年に海中より出現したもので、頭と三本足という姿で描かれていることから、アマビコにとって三本足ということがいかに大きな意味を持っているかがわかる。同時にこれら三本足のアマビコは海中にすむ幻獣であることも共通している。

越後国新潟浜に現れた大神社姫は六五ページで示した。この幻獣も豊作と疫病の流行を予言しており、アマビコとの共通点がみてとれる。このほかにもいくつかの事例が知られており、いずれも同じような姿をしている。その特徴として尾びれが三本の剣として表されているのである。この三本剣がアマビコの三本足の原型ではないだろうか。すなわち、海中の幻獣としてのアマビコの姿が浮かび上がってくる。

しかし、アマビコを海の幻獣と決めつけるわけにもいかないのだ。明治九（一八七六）年六月二一日の『長野新聞』の記事を紹介したい。

> 茲に肥後の国の青沼郡磯野浜にて毎夜人を呼びあへるは、其身より光りをはなちなど、其おそろしき形容に諸人おののきそれて近付ものなし。然るに旧熊本藩士芝田忠太

郎といふ人が通りかかって、「何者なりや」と問しに、彼の怪物が答に、「我れは海中にて司執る尼彦といふものなるが、本年より六カ年の間だは豊年なれども、当年国中に劇烈の難病が流行て、六分通りも人が死するなり。依て我が形容（すがた）を写して朝夕見るものは此病症を免れん。此事を告んため毎夜この所に上りて待ち居たるなり」と言しに付、諸人尼彦入道と号け（なづけ）銘々此の形容をうつして持居るが、諸新聞にも出てあるといふ風聞だが本統かとある方より図をそへて送られましたから、その図画を記載してお目にかけますが、記者は斯なことは決して知りませんし諸新聞にも出てはないが、しかし不開化の諸人方には誠に困り升（ます）。箇様なものを写して見るより諸新聞を見て身の養生を能（よ）くおやりなさい。

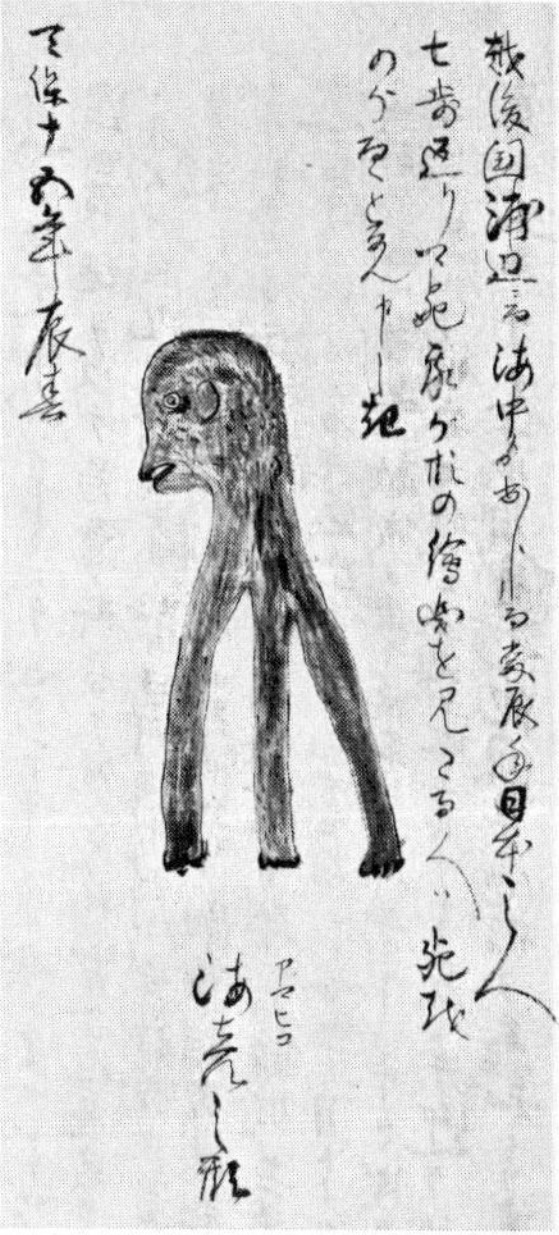

図8

図9

この記事には図9が添えられている。このアマビコも三本足という特徴は共通している。記事には「毎夜この所へ上りて待ち居たる」という一文がみられる。これはアマビコが海中だけにすむものではなく、陸にもあがれることを示している。図9の場合でもアマビコが浜辺にあがってきたことが添えられた記述からわかるが、大神社姫とアマビコとのあいだには大きな違いがみてとれる。すなわち、大神社姫は三本の剣の尾びれがあるということで、形態上から水中にすむものであることが示されている。それに対してアマビコには三本の〝足〟が備わっているのである。これは陸を歩くことができる特徴を示すもので、アマビコが陸生へと変質する可能性を物語っている。陸生へと変質したアマビコはその姿も変化していったと思われる。

口絵7を見ていただきたい。ここに描かれたアマビコは四足の普通の動物のような格好をしている。その姿はまさに陸上に棲む生き物だ。この図には、「肥後国熊本県御領分真字郡と申所に、毎夜毎夜猿の声して人を呼ぶ。同所に柴田五郎左衛門と申人聞届の所、『我は海中に住む尼彦と申者なり。偖告るに本年より向ふ六ケ年豊作なるも諸国に流行病多し。人間六分通り死申候。然れども我が姿座前に貼置かば必ず其病難を免るべし。故に此を人々にしらしめ』とて遂に何処方とも無く失せたりけり」という文章が添えられている。このアマビコは海中にすんでいるものの、出現したのは「真字郡」という場所である。この「真字郡」

なる場所は、前掲の『郵便報知新聞』の情報と一致しているが、「真字郡」なる表現からも陸生であることを強く示唆している。

図7の瓦版では「海中へ毎夜光物出る」また「海中へ入けり」とあり、海中に出没する記述となっている。口絵7のアマビコは「何処方とも無く失せたりけり」と海中へ消えたことにはなっていない。これも陸生への変化を示すものであろう。しかし、「海中に住む」という記述もあり、海の住人であることを明らかにしているといってよいだろう。

こうしてみてくると、アマビコは海を起源としながら陸生の特質をも持ち出したことがわかる。この変質は、やがて陸生としてのアマビコ出現へと至る。そのあたりの状況をみることができるのが、明治八（一八七五）年八月一四日の『東京日日新聞』の記事である。

> 去る五日に、或る人が越後のくに湯沢駅を通つて見ますと、家ごとに斯な図を紙に画て入口の辺に貼り付けてあるから、余り見なれぬことゆゑ処の者に問ひたるに、是は天日子尊のお姿なりと云ふ。猶その訳を聞に、三十日ほど前に此辺の田の中にて人を呼ぶ者あり。是を見れば異形にして恐るべきが如くなれば、誰も側へ依る者なかりしに、或る士体の人此処へ通りかかりて彼の声に応じ側に立寄りたるに、彼の異形の者の云く、「我は天日子尊なり。今此処に出現したる次第は、当村に於て是より七ケ年の間凶作うちつづき人口追ひ〳〵に減じて今の半分に至らんとす。予これを憐れみて諸人に告げ知らせ、我がこの影像を写して家ごとに貼り置き、朝夕我を敬まひ尊みて祭るべし。

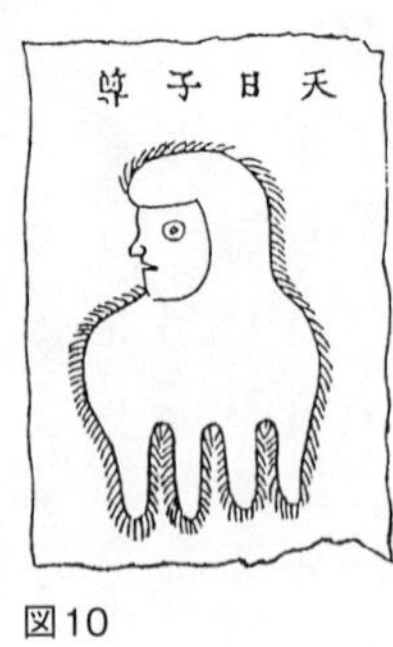

図10

左様すれば七年の災難を免かるる事あるべし」と宣ひしに依て、此図を軒別に張り付けますと語れりとぞ。山中の愚民とは云ひながら余りばかばかしき事なればとて報せられましたが、何れ坊主か山伏どもの云ひ出したる事と思はれます。角大師熊野牛王などの類も、昔し斯なことから云ひ触した物と見えます。近ごろも狼様だの鉤舟守だのと云ふ物が能く貼付けてありますが、彼れが日本の神道者の元祖で五座りませう。支那でもいろいろの神様の霊符が家々に貼付けてあります。

この記事には、図10の天日子の絵が添えられている。この絵は口絵7と同じように四足の動物で陸生を窺わせるが、出現の状況からもそれが裏付けられる。すなわち、出現したのが湯沢ということだが、ここは新潟県の山間部で、群馬県や長野県に接しており、日本海とは隔絶された地方である。その地方の「田の中」でアマビコは声をあげていたのだ。また、記事には「山中の愚民」という一文も記されている。これらから、海とはまったく関係ない、まさしく陸生の幻獣として存在していることがわかる。

もう一つ、アマビコに関する資料として図11を紹介しておきたい。この資料は木版刷りで、全身が鱗か羽のようなもので覆われ、人間の顔をした不気味な姿で海から出現している。この図には尼彦入道というタイトルがつけられており、「入道」という名称からも動物よりは人間に近い存在のように思われ、手と思しきものも描かれている。添えられた文は、「日向の国イリノ浜沖へ出たる入道也。此入道を見たる人は、熊本士族芝田忠太郎と申者也。此入道もふす事には当年より六カ年大豊作也と申事也。然る処当年悪病にて日本人（数文字欠）中事也。此入道の姿を張置、朝夕見る時は其大難をのがすと申事也」とあり、人間に近い姿で描かれていることは大きな特徴といえよう。

図11

天の声を伝えるもの

以上、アマビコに関するいくつかの資料を紹介したが、これらからアマビコの大きな特徴が浮かび上がってくる。アマビコは海にすむものだったり、陸生だったりと一定でないことに加えて、三本足だったり四本足だったり、なかには人間のような姿のものさえあるといった具合で、姿形さえも定まりがないのだ。実はこれこそがアマビコのもっとも重要な特徴で、ほかの幻獣との大きな違いではないだろうか。例えば河童にしても人魚にしても鬼や天狗にしても、さまざまな姿で描かれているとはいっても大枠での括りは存在しており、その姿を見れば河童、人魚、鬼、天狗といった具合に識別できる。いっぽう、雷獣などは多様な姿形であるものの、空から落ちてきた天の住人という点では統一的特徴を有している。

アマビコに関してはそういった括りがあてはまらず、統一性がない。予言と除災方法を人に告げることのみが、アマビコという幻獣を括れる唯一の特徴なのだ。それはまさしくアマビコの本質に関わっているのではないだろうか。すなわち、アマビコは天の声を人間に伝える役割で出現しているのだ。だから、あらゆるところで人間とコンタクトを取ろうとしているのだ。それ故に海のときには海の幻獣、陸においては陸の幻獣というように姿形が違っても、本質とはまったく関係ないことなのである。アマビコは天の声を伝えるのが使命なのだ。それは前述したアマビコという名称の由来でもある。天の声を伝える幻獣だからアマビコ（天響）なのである。

こうしたことからさまざまな予言獣のなかで、アマビコこそがもっともプリミティブなかたちをとどめるものであり、それ故に予言獣研究のベースとしてアマビコを精査し、それとの関連で他の予言獣への広がりを考えていく必要があるように思える。つぎに、アマビコとの関連で他の予言獣をみていくこととしよう。

アマビコの系譜

山童

アマビコと密接に関係があると思われる予言獣に、山童（やまわらわ）とアリエが確認できる。山童については、鳥山石燕の『画図百鬼夜行』（図12）にも描かれて、よく知られているところだが、ここで取りあげる事例はそうした一般的な山童とは異なる記録である。

図12

図13がその山童である。図の右上に「山童」と書かれているのでこれが山童であることがわかるが、一般的な山童とは姿が異なり、この図だけで判断するとしたら恐らくは山童と認識できないであろう。とくに異なるところは、三本足を有することである。そして、この山童はというと、「肥後国天草郡龍出村山中において、毎夜奇声を発するものあり、何者の所持なる事

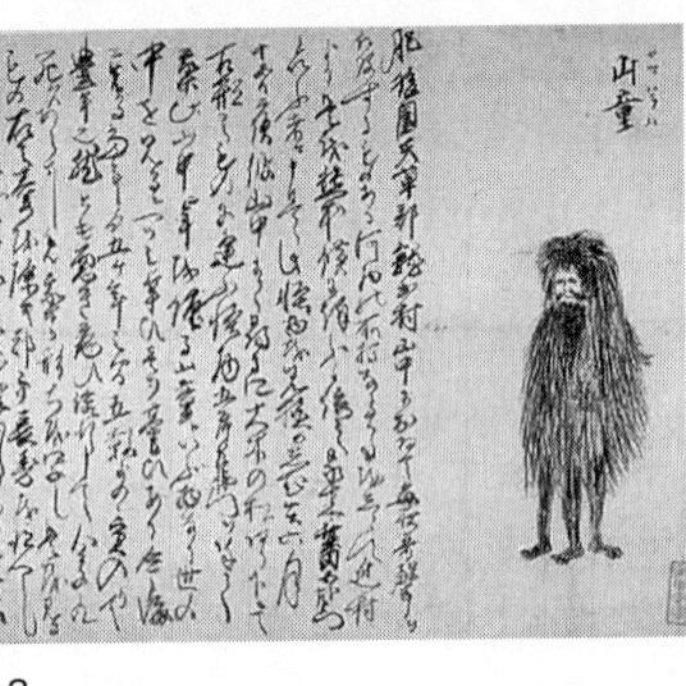

図13

をしらず、近村より是を熊本侯に謂ふに依て家来柴田五郎左衛門といふ者に申付て此怪物を見極めしむ。去六月十五日夜、彼山中にて尋るに、大木の松あり下にて古形のものに逢ふ。怪物五郎左衛門を呼て、我等此山中に年を経る山童という物なり……」と説明が添えられている。そして、豊作と悪病の流行を予言し、自分（山童）の姿を写して見るようにすれば悪病から逃れることができると伝える。

ほかにもアマビコとの共通点が認められる。前出の明治一五年の『郵便報知新聞』の記事のなかに、「猿に似たる三本足の怪獣」という記述がみえる。この「猿に似たる三本足の怪獣」とは山童の姿のように思える。さらに、発見者として出てくる人物の名前が「柴田五郎右衛門」であり、口絵7の「柴田五郎左衛門」と酷似しているのだ。二つの記録の関連性は間違いないであろう。また、明治九年の『長野新聞』の記事には、「旧熊本藩士芝田忠太郎」なる人物が登場、さらに図13に添えられた文には「柴田五郎左衛門」、図11では「芝田忠太郎」とある。こうした一連の資料との関係から山童はアマビコとの関連のなかで位置づけられなければならない。

アリエ

アリエなる幻獣については、明治九（一八七六）年六月一七日の『甲府日日新聞』で確認できる。少し長い記事だが、紹介しておきたい。

　妖言の起るは未開の国の徴にて実に困った習慣では五座(ござ)りませんか。多分虚妄な説なれど、又変な事が伝播出しそうゆゑ、一寸お笑種に図を入ませう。肥後の国青鳥郡の海に斯んな可笑(をかし)なものが居て、夜にさへなれば往来へ出てピカピカ鱗を光らせ歩くゆゑ見る人々は吃愕(びつくり)し青くなつて逃げ出すと。斯の魍魎(まうりやう)はとかく娑婆の人を恋ひしがる体にて、通るものを呼よすれども誰ひとりよりつくものなく、遂いその路をば行く人の絶たとか。大評判せし折から、流石(さすが)剛気な旧熊本藩の柴田某なるものが斯の様子を聞伝へ、いざ性体を見届くれんと、或る夜同所へ出掛け遅し〳〵と待かねし内、彼奴は又例の通り鱗を光らし来るを見て、「コリヤ待て妖怪め」と咎めたるに、彼奴は柴田某に向ひ、「我こそは海中鱗獣の首魁にて名はアリエ」と唱へたり。「かつて年の吉凶を洞観の妙術あれば語(つ)げ示さんとすれど、身共が姿のありやうを見て語らひ玉ふ人のなく、縁(よ)るべなき折から忝(かたじけ)なくも御辺に逢ひつるこそ幸ひ、日ごろの胸を語り参らせん。当年より六カ年の間豊作打続くべし。されど当六月より先年流行せしコロリの如き病気流行して世の人六分通り死失べし。能く此の災難を避んには、身共が姿容を図し置て朝な夕な信心し玉ひかし」と云畢り、ドロン〳〵と海中に躍り入りて影さへ見えず。某はハテなと眺むれば、夜は暗し、いとも海風の腥(なまぐさ)きを覚へたるのみぞ。夫よりして談が広まり該地のものはサア斯図を絵いて毎戸にはりつけ稼業も抛(すて)て信心するとか云ふ事を、出雲の国の船頭が新潟県にて物語りたるよし。いづもの人か知らないが、余り人を茶にした話ではありませんか。お布告や詿違書などの銘々心得ねばならぬことは、馬耳に風にして斯な馬鹿気た事だと誰れ頼まぬに裏店小店までも我先きにと貼立騒ぐとは、何(ど)う云ふもんだろう。此の妖怪の説しも何分本統とは思へません。皆さん決して図を張るにも信心するにも及ぶまいと云はんとすれば、最はや当県の市在でもチラリホラリ張りつけてあるとの由、困ったものだ。

図14

記事には、図14が添えられている。幻獣の名はアリエとなっている。前述の山童は、一般的な山童像とは異なるものの、〝山童〟自体は既知のものだ。それに対してアリエという幻獣の記録は、今のところこの記事と、それを引用した明治九年六月三〇日の『長野新聞』でしか確認できていない。

話は少し逸れるが、私はかつて今までに知られていない「馬肝入道」「汐吹」等々の妖怪が描かれた絵巻を発見したことがある。そこに登場する新種妖怪たちの系譜を探るべく調査したが、現在でも同種のものを見つけられず、これらの妖怪の正体は未だ不明のままだ。しかし、大抵の場合、妖怪絵は描き継がれており、一人の人物の独創的産物とは考えられず、何らかの手がかりがあるに違いないのだ。埋もれてしまったそうした手がかりを探すことにより新種妖怪の戸籍も明らかになっていくものと確信している。ここで取りあげたアマビコ研究でさえ、最初は〝アマビエ〟なる誤情報だけしか確認されておらず、その素性は不明だったのである。そんなことから、アリエも必ずや別の情報が存在すると思う。

記事に戻ると、いくつかの重要な記述が指摘できる。アリエとコンタクトを取った人物が柴田某ということがその一つ。そして、話全体の内容も、熊本という場所もアマビコとの関連性を窺える。この幻獣がアマビコと名乗っていれば、一連のアマビコ情報の一つとして考えられるのだが、実際はアリエであってアマビコではない。となると、アリエとはいかなる幻獣で、アマビコとどう違うのかという疑問がおこる。この疑問を解くには、アマビコと同様に名前の由来が重要ではないかと思い、その語源などをいろいろ考えてみたが、まだこれといった解答を見出していない。アマビコはまだまだ解明されていないことが少なくないのが現状なのだ。

人魚

アマビコと間接的に関連があるよく知られた幻獣も確認できる。幕末、江戸で書肆を営んだ藤岡屋由蔵の記録『藤岡屋日記』の嘉永二（一八四九）年につぎのような記述がある。

> 嘉永二酉年閏四月中旬越後福島潟人魚之事。越後国蒲原郡新発田城下の脇に、福島潟と云大沼有之、いつの頃よりか夜な夜な女の声にして人を呼ける処、誰有て是を見届る者無之、然るに或夜、柴田忠三郎といへる侍、是を見届け、如何成(いかなる)ものぞと問詰けるに、あたりへ光明を放ちて、我は此水底に住者也、当年より五カ年之間、何国ともなく豊年也、且十一月頃より流行病にて、人六分通り死す、され共、我形を見る者又は画を伝へ見るものは、其憂ひを免るべし。早々世上に告知らしむべしと言捨つつ、又水中に入にけり。

越後に人魚が出現して予言を告げたということを記している。その予言を聞いたのが、柴田忠三郎なる人物なのである。柴田忠三郎がどのような人物かは定かでないが、アマビコを目撃した記録に出てくる熊本藩の柴田あるいは芝田なる姓の人物と同じ情報源である可能性が高い。

福島潟というキーワードからは、別の幻獣との関連も指摘できる。図15は亀の体で女の顔をした幻獣である。体から光を放ち、この亀女を見た漁師が驚いているといったもの。「此度越後国福嶋潟といへる所に、夜々光りをはなち声ありて人を呼ぶ。思はず此姿を見ておそるるもの多し。ここに一郷の旧家某が所持の図あり。寛文の昔佐渡の海にあらはれ、五カ年の豊作なり、しかれども悪風邪はやりて人多く死せり。又我姿を画て見せなばしをのがるべし、と告しことあり。今見たる姿と古図とすこしもたがはず。依て其形をうつし、家内におきて朝夕見給ひなば、悪病たりともうくることなしと云々」と解説がある。右上には「寛文九己酉年佐渡の海に出たる時の古図」として髪の長い亀女の図が添えられている。このケースでは、福島潟に出現したのは人魚ではなく亀女となっている。

　さらに、図16を見ていただきたい。ここで描かれているのは雲のようなものに乗っている

図15

図16

人だが、その説明文には、「越後国福島名田吉と申処に光り物出て、女の声にて人を呼。依て其所の士、芝田忠兵衛と申者右の光り物見届、我れ海中にすむ人也。当年より五カ年の間豊年なれども来る十二月よりあく風吹来り、世の人々六分通り死候よし物かたり、我姿を朝夕見れば右の難をまぬがるべし、たすけの為右の姿を披見せしむ」と記されている。

越後国福島名田吉は越後国福島潟と酷似した地名で、さらにここでは芝田忠兵衛という人物も登場しており、一連のアマビコ資料との関連を窺わせる。そしてこのケースでは幻獣でなく〝人〟と名乗っているが、これなどは図11の尼彦入道が動物ではなく人間に近い姿をしていることとも関連があるのかもしれない。

予言獣の共通性

予言の意味

こうしてみてくると、アマビコを始めとした予言獣はそれぞれ独自の存在ではなく、何らかの関連があることが推測できる。ここで紹介したアマビコ、アリエ等々の予言獣の予言する事柄は、いずれも豊凶と病気の流行であり、さらに自分（アマビコ、アリエ等々）の姿を写して貼ったり見たりするようにとの除災法を伝授する。これは予言獣の本質を表している。すなわち、作物の豊凶は生きるための根幹に関わるもっとも重要なことであり、最大の関心事である。しかし、天候や災害などで結果を予測し難いのも厳然とした事実として人々の努力の前に立ちはだかっているのだ。〝食〟の問題を人智を超えた力にすがり祈るしかないからこそ、幻獣の予言は人々に大きなインパクトを与えずにおられないのだ。いっぽうで、疫病の流行も生死に関わる厄災といえる。ある意味では豊凶よりも不安を抱かせる出来事といってもよいだろう。豊凶は少なくとも作物の多少を自分の目で確認できる。豊作のときに蓄えて凶作に備えることも可能だし、他の地域から持ってくることも考えられる。しかし、疫病はまったく目に見えない何かが人々に襲いかかるのである。それは死と向き合わなければならない不安であり、いつ自分にふりかかるかもしれない不安だ。さらには自分一人だけでなく、村全体が消滅する可能性も秘めた恐ろしい結末さえも脳裏をよぎるに違いない。

しかし、予言獣は決して人々を不安に陥れるために出現したのではなく、疫病から逃れる方法を伝授するために現れた救いの使者なのである。それも無理難題をいうわけではない。幻獣の姿を描き写して除災するという、きわめて簡単な疫病除けを伝えるのである。こうしたことが人々の心をとらえて、軒ごとに幻獣の絵を描いた札を貼るといった行為を広めたのであろう。

除災の幻獣

明治一二（一八七九）年一〇月二〇日の『安都満新聞』につぎのような記事が掲載された。

講釈や狂言で諸君御存知の船主桑名屋徳兵衛が海上で出合たと言海坊主といふ怪物が此頃眼前に顕れたと言咄し。本月七日の事上総国夷隅郡部原浦の松魚釣船の長吉次郎初九人乗にて同浦を出帆し沖合にて漁を初めしに其日は鰹魚も沢山釣段々と船を流し（鰹釣舟は碇を下さず流しながら釣と言）丑寅の方へと到りしが汐早き故又元の線路へエイ〳〵声にて漕戻し同国鳥山沖辺りにて其日も午後五時過と覚頻りに櫓を押切て早部原浦の沖合迄来りし頃は日も没果て大白の光輝きらめく海面遙に平生見馴れし長秀山も遠目に夫と見かねぬ斗闇く成行沖合を漕行舟の右のかた一丁余りも隔りたる浪間を分て突然と海上へ顔をさし出たる怪物は其大きさ四斗樽を三つもよせたる程にして馬の如き鼻づらに両眼は鏡の如く四辺を見廻す容体に船中一同ハツと斗恐しさに櫓をも手より放ちて絶入斗生たる心地はなかりしが暫時にしてガバと音して其儘海底へ沈みたれば漸く一同息を出して命から〳〵漕帰り村内の者へ斯々と有し次第を物語るを人々聞て果れしに八十歳余の老人が夫は世に言海坊主といふ怪物なるべし此沖合にて其昔出逢し者ありしと言咄しを若き時に聞ぬ無難に帰りしは目出たしとて酒汲かはして祝ひしが其見し姿を絵に写し虎列刺除なりとて同村にては毎戸門に張置よし不思議に同村には悪病に感染せし者一人もなければ全く海坊主様がお守りなさる程と言はやし此図像を頻りに信仰すると言。

図17はこの記事の挿絵である。ここで出現したのは予言獣ではなく海坊主だが、その姿を描いて門口に貼って悪病除けとしていることでは共通している。記事では古老が海坊主の話を知っていたとあるが、何故に海坊主が悪病除けになるのかの説明が明確ではない。しかし、村全体で海坊主の絵を貼っているということは、そうした言い伝えがあったからなのだろう。このように予言はしないものの、除災として信じられてきた幻獣がある。予言という直接的な行為はなくとも、彼らに対する人々の信仰心は変わるものではない。

図17

図18もそうした除災の幻獣である。「紀州熊野浦にて生どり、ほうねん亀、悪病よけの守、からだのまはり壱丈八尺、かほは四尺五寸」とあり、亀の図が描かれている。体の周りが一丈八尺（約五・五メートル）ということなので、巨大な亀であることがわかるが、この亀の大きな特徴は人面ということである。そして、「悪病よけの守」とある。しかし、この亀の力は

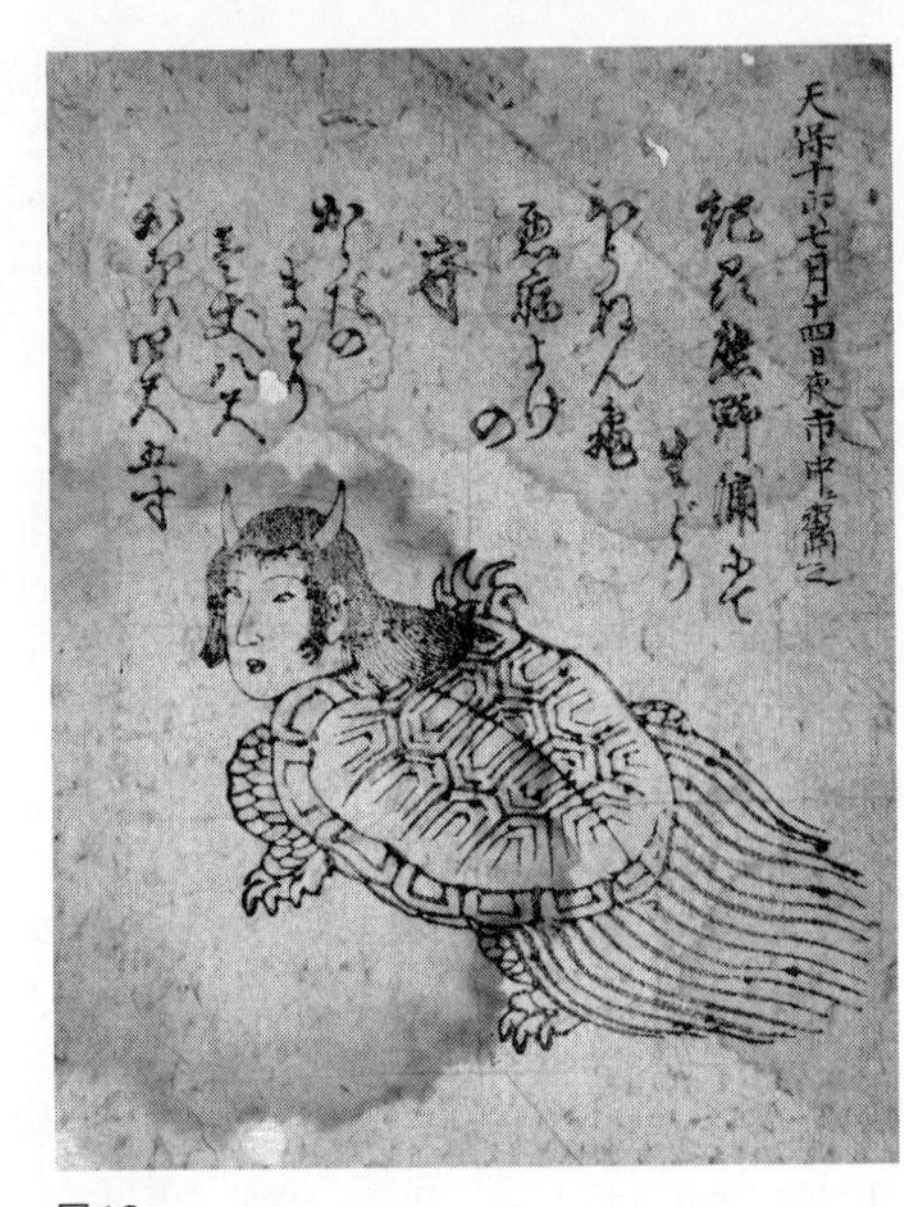

図18

それだけではない。「ほうねん亀」と名付けられているように、豊年をもたらす吉祥の亀なのである。

亀の進化

豊年亀は、女の顔の亀という点で図15の亀女と同類といえよう。そして、いっぽうは豊作と悪風邪を予言し、もういっぽうは豊年と悪病除けとして扱われている。予言の有無を除けば、亀女と豊年亀は似通っており、人面亀体の幻獣の存在が浮かび上がってくる。

この幻獣の系譜はどのようなものなのであろうか。現状では資料も少なく、推測の域でしかないが、人魚の解説で紹介した大神社姫との関連を窺わせる。大神社姫は竜宮の使いと名乗り、豊作と病の流行を予言している。その大神社姫の顔は、長い髪で角を生やしており、豊年亀とそっくりといってもよく、そこには何らかの関連があるように思える。私の想像では、豊年亀も大神社姫と同じく竜宮の使いとして位置づけられていたのではないかと思う。竜宮の使いだからこそ豊年をもたらし、悪病除けの象徴としての霊力を有しているのだ。

いっぽう、豊年亀と図15の亀女を見比べると、いくつかの相違点も指摘できる。その一つが頭の角だ。豊年亀は頭に角を生やしているが、亀女には角がない。また、豊年亀は手足は亀のそれだが、亀女の場合は人間の手足として描かれている。こうしたことから亀女は豊年亀よりさらに〝人〟に近い幻獣に変質した存在と思われる。ここで、あらためて図16をみてみよう。描かれた図からは男女の区別はしにくいが、先に紹介したように、説明文のなかには「女の声にて人を呼」という一文がある。しかし、この女は「海中にすむ人」なのであり、いわば、〝人であって人ではない〟存在といってもよいものだ。

胸から腹にかけては鱗状のもので覆われており、腰から太股にかけても毛のようなものが描かれているのもこの図の大きな特徴だ。どうしてこのような表現がなされたのだろうか。私は胸から腹にかけて描かれたものは亀の腹の甲羅、腰から太股の毛のようなものは亀の甲羅の後ろに生えている毛を意味しているのではないかと思っている。

いっぽう、亀女は岩状のものにしがみついているような格好をしているが、海から出現したのなら岩にしがみつかなければならない必然性もないように思える。それは亀女の正面に壁のような状態で突き出していて、その中心に円形の空洞部分が確認できる不思議な形状のものだ。これに対して図16の女は雲のようなものに乗っている。しかし、海のなかから現れたのであり、空から雲に乗って来たわけではない。そしてこの女の前には丸いものが象徴的に描かれているが、その中心は穴があいているようである。こうしたことから亀女の岩状のものと、図16の女が乗った雲のようなものは同じものを表現し、それは竜宮からの使者の乗り物といったものを意味しているのだろうか。

このようにみてくると、豊年亀、亀女、それに図16の女は決して無関係ではなく、伝播していくなかで変質していった過程をたどることのできる一連の資料ではないかと考えている。その進化(?)は豊年亀→亀女→図16の女というように次第に人に近づいていったようだ。そして、図16の女は芝田忠兵衛なる人物によって目撃され、アマビコとの接点を有している。

吉祥の幻獣たち

白沢

さて、アマビコを中心にした予言獣の系譜をたどってみたが、除災と吉祥の幻獣はほかにも存在する。そのなかでもっとも有名なのが白沢(はくたく)だろう。白沢はもともと中国の想像上の神獣で、六本の角と九個の目を持ち、人語を解して有徳の治世者のときに出現して、災難や疫病を防ぐとされている。そうしたことから図19のような白沢の刷物は多数出回っているが、明治一三(一八八〇)年七月二四日の『北陸日報』には、白沢図が信仰の対象として制作されていた実態を伝える記事が図20とともに載っている。

左の画像は白沢とか云て昔し唐の白楽天が此白沢に賛して曰く、寝二其皮一辟レ瘟。図二其形一辟レ邪。今謂二之白沢一。とあり。記者は素より其功能の有や否ば知らざれども、此白沢を所持する者の言に、此画図を家に蔵すれば悪魔妖気及疫癘虎列刺等の其家に入ることなし、又狐狸抔(など)に憑依せらるる病人は、此御像の前に於て呪文を唱れば、霊験立どころに顕れて其病の愈(ゆい)ざることなしと。右の画像は金沢区小立野新坂町一番地温浴所森

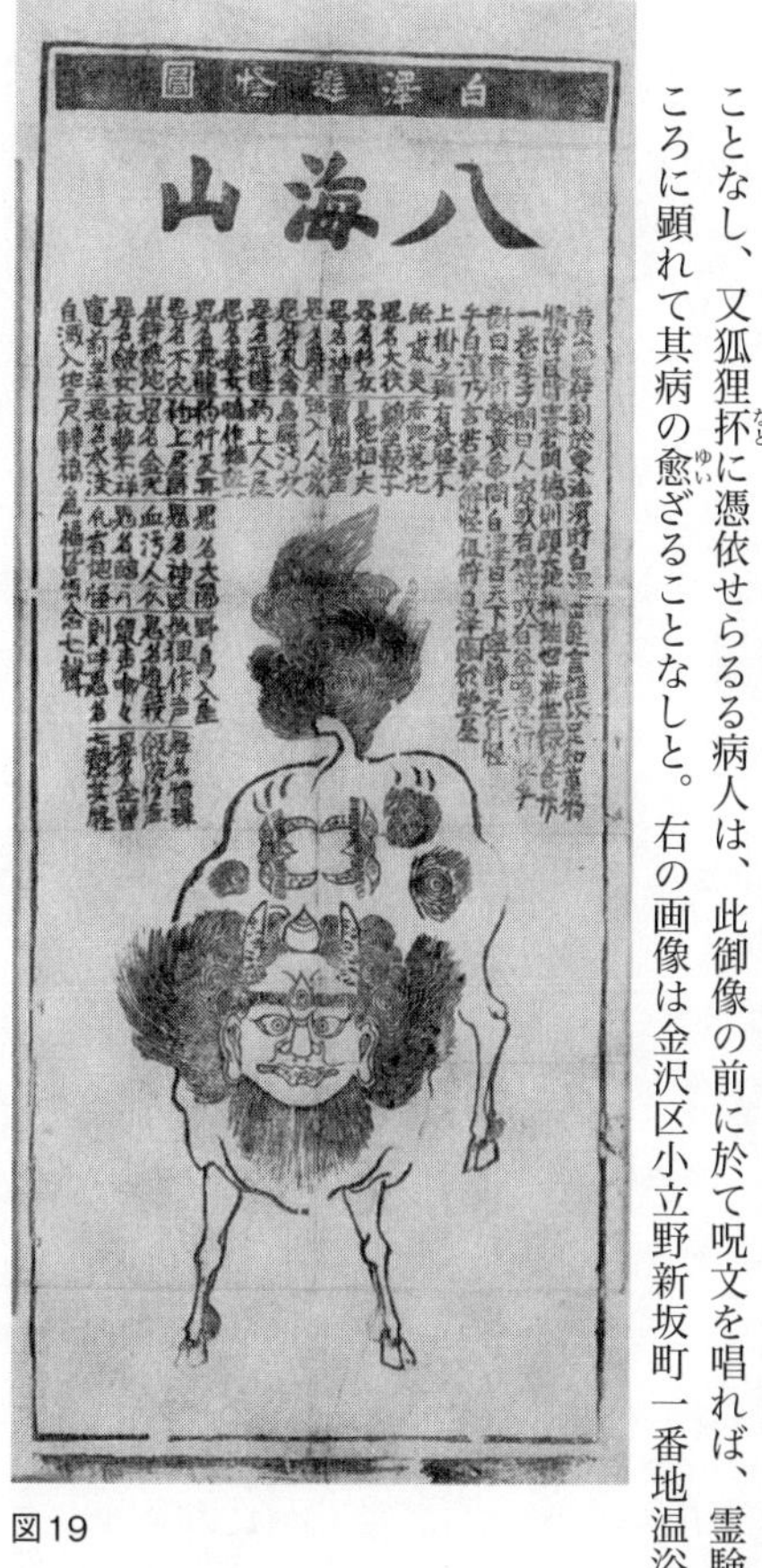

図19

方作にて所持せらるる由なるが、鬼神を信ずるよふな者は定て此図を貰いに往きましょうよ。

この記事からも災難や疫病除けだけにとどまらず、狐狸の憑依などの病を治すための幻獣として信仰されていたことが窺われ、多くの白沢の刷物が作られたことがみてとれる。地元で白沢の図を持っているという家の噂が広がり、新聞ネタにまでなったのだろう。記事は、白沢を信仰する者はその家に貰いにいくようにと結ばれているが、これは白沢図を制作して頒布していたことを意味するものであろう。そもそもは中国の幻獣の白沢が、日本の民間信仰にしっかり根付いていたのである。

図20

龍魚と緑鳥

白沢以外の除災、吉祥の幻獣も散見される。図21は龍魚である。明治六（一八七三）年三月七日、茨城県多賀郡大津浜の大黒屋勇八という者の網にかかったもので、体に五三桐、葵の紋、鶴、揚羽蝶などの模様が浮き出た神力美風の魚と記されている吉祥魚だ。

この龍魚と同じものが明治一六（一八八三）年四月四日の『奥羽日日新聞』にも紹介され

ている（図22）。この魚の記事は、「帝鮫　是は宮城県蒲生村の鈴木源左衛門が去し一月十八日牡鹿郡金華山沖にて捕獲たる物なる事は過日の紙上に掲載せしも、尚ほ余り珍らかなればとて、図をさへ添へて投寄されし儘、爰に再び物する事とはなしぬ。故れ其が全体は通常の鮫なれど、頭及び背に菊の形を冠きたる、実に希有な鮫なれば遍く江湖にしめさんとて近日県庁迄指出すとの事」とある。

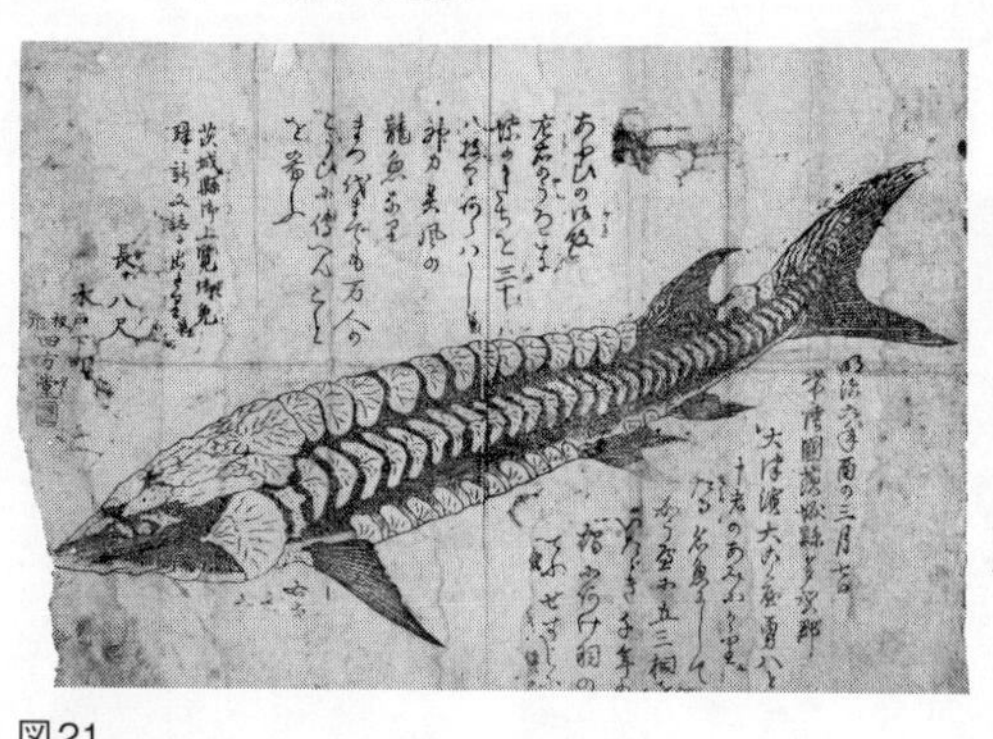
図21

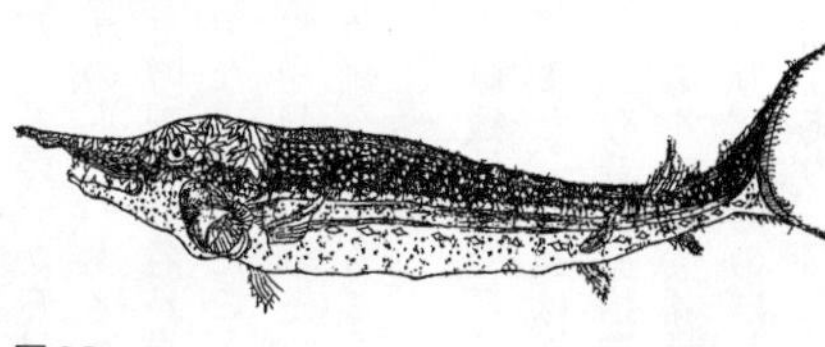
図22

ここでは珍しい種類の鮫だということが書かれているが、図21ではそれを一歩すすめて「龍魚」「神力美風」などの記述があり、まるで別の世界からやってきたもののような扱いとなっている。こうした経緯から、いつしか何か神秘的力を有する幻獣と化していったケースもあったことだろう。

図23は緑鳥と呼ばれるもの

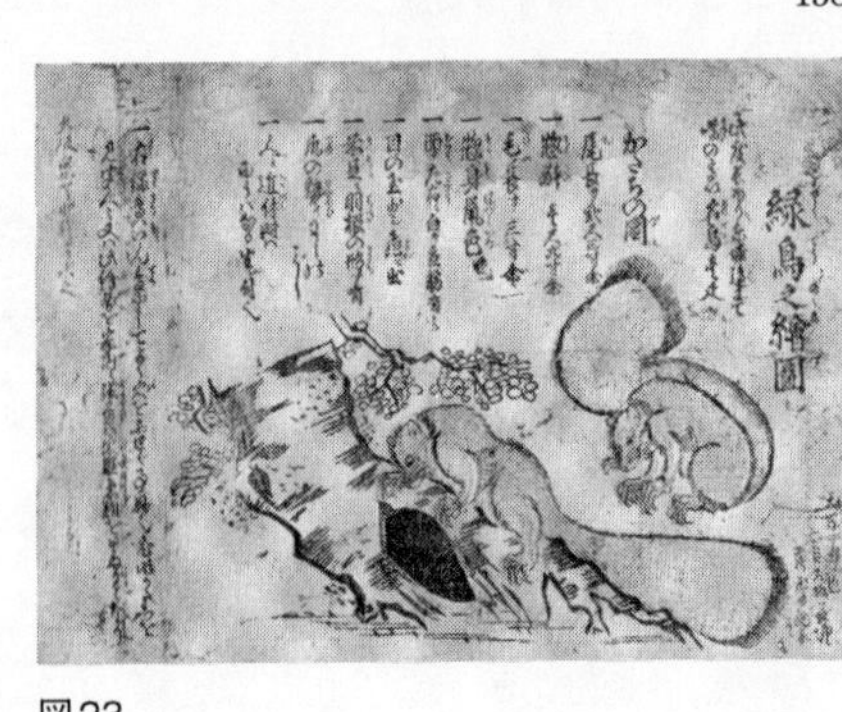

図23

だ。この姿からはリスのようにも思えるが、前足に羽状のものがあることがわかる。「此度長ほり東堀辺にて噂の高い名鳥壱疋」と記されているので、相当話題となっていたことが窺える。火を防ぐ鳥なので、この鳥を見たり、その絵図を家中に張っておけば、火難や急難を避けることができるとある。

風狸けん

また、図24は風狸けんである。風狸けんは鳥山石燕の『今昔百鬼拾遺』にも出てくる風狸（図25）のことであろう。『今昔百鬼拾遺』には、「風によりて巌をかけり、木にのぼり、そのはやき事飛鳥の如し」なる解説があり、『耳嚢』には、つぎのように記されている。

> 或人いわく、捜神記に風狸の事ありしが、日本にも邂逅これある由。怪しき異獣にて、狸の一種の由。野に出て草木のうちいかなる目利にや、一種の草を取り、枝梢にとまる諸鳥を見、右をかざしねらい候えば、右鳥類居候自分と落ち来るを、取りて餌となす由。その草はいかなる事や知る者なし。これを見届け、右風狸を追い散らし、かれが

> 持ちし草を奪い取り、木に登り居候ものをさせば、鳥獣人共に落ちぬる由。怪談なれども、しるして後の君子をまつのみ。

『和漢三才図会』にも紹介されており、昼は動かずに夜になると鳥のように飛び、死んでも口に風を受けると生き返るという不思議な特徴を持っているとする。特定の草を抜き、これをかざして枝にとまった鳥を落として餌にする奇妙な能力を持っているのも風狸の特徴とされている。

こうした言い伝えもあってだろうか、図24の風狸けんの文章の最後には、風狸けんを見ると寿命長久であるとの記載がある。この風狸けんも実在の動物が元になっていると思われるが、それに寿命長久などの吉祥

図24

図25

にまつわる話が付け加えられて幻獣としての〝風狸けん〟が誕生したのであろう。

豊年魚

およそ考えられそうもない想像の生き物とでもいうべき吉祥の幻獣もある。図26は淀川に現れた豊年魚だ。この魚の特徴は背筋が黒くて苔が生じており、目は鏡、形は鼬(いたち)、足は亀のようで、大きさは七尺五寸(約二・三メートル)、重さ二〇貫目(約七五キログラム)である。昔もこの魚が出現して大豊作が続いたので、今回も大豊作になるであろうから豊年魚と名付けたと記されている吉祥魚だ。しかし、これを見て魚と思う人はほとんどいないであろう。豊年魚の特徴からみても、魚とは名ばかりで、姿形は魚とは似ても似つかない。しかし、物価の推移などを記し、年ごとに話題となった事柄を挿絵として描いている図27の資料においても、慶応元(一八六五)年の箇所にこの豊年魚が「珍魚」として取りあげられているので、魚という情報で広まっていたことがわかる。こうしたところにも取りあげられるほど大きな話題となったということだろう。

図28は図26が多色刷りなのに対して赤と黒の二色だけで刷られている。こうした別刷りがあるのも、多くの需要があったからと思われる。最初は違和感を持たれていたものの、次第に豊年魚なる魚として認知されていったということだろう。奇妙なことであっても、人々がそのことをいったん受け入れれば事実として成立してしまうのである。逆に、とんでもない姿形の魚だからこそ、人智を超えた能力を持っているということが説得力を持ってくるのだ

図28

図26

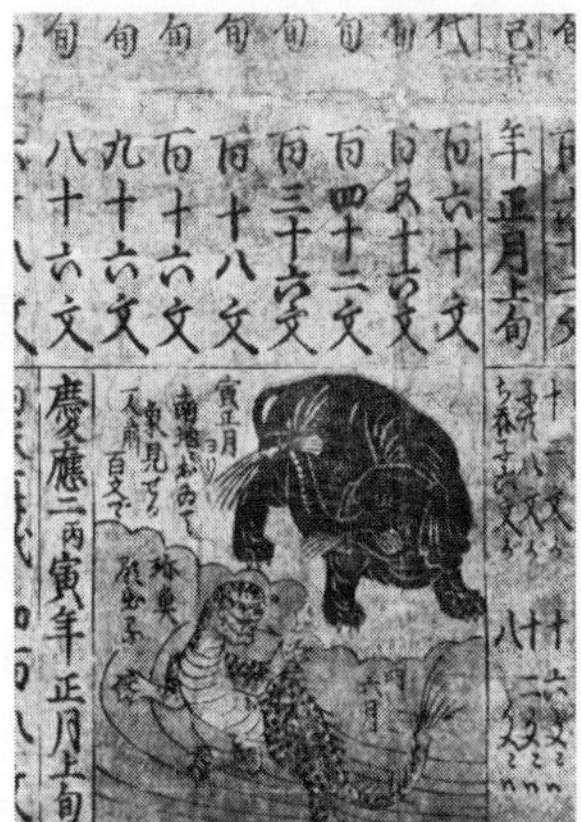

図27

ろう。これは幻獣を考える上で興味深い事例である。

異形の幻獣

アマビコの姿

そもそも幻獣は異形の生き物なのだ。そして、異形なのは異界からの使者である証であり、人の及ばぬ力を持つ証でもある。とりわけ、予言獣については異形が大きな意味を持っているのではないだろうか。現実の動物でもある狸や狐は人を化かし誑かすことはできても異界との使者には成り得ず、心の奥底に入り込むことはできない普通の動物である。いっぽう、予言獣はどれもこれも異形だ。それは予言獣が異界から発せられた人界へのメッセージを伝える生き物としての自己をアピールすることであり、その伝言が正真であることを人々に認知させるためでもあろう。

そして彼らは敬われることとなる。アマビコに「天日子尊」という敬称が付せられたケースもあることからもそれが窺われる。アマビコの姿形が一定でないことはすでに指摘したところだが、異なる姿のアマビコを見たとしてもいっぽうが本物のアマビコで、もういっぽうが偽のアマビコということではなく、両者を目撃した者にとってもいずれも正真正銘のアマビコなのである。姿形が違っていても異界からの使者である証としての異形を見せつけられると、それだけで納得するに十分なのだ。

図7の瓦版でも真偽はともかく、アマビコ情報が江戸にもたらされたと書かれるくらいに

江戸は情報の中心地だった。明治一五年の『郵便報知新聞』でも安政五（一八五八）年のコレラ流行時にアマビコの札が多数刷られていたことがわかる。情報の集積基地であり、発信基地でもある江戸においてはいくつものアマビコ情報があったに違いない。それらが統一されたものではなくても、何ら問題ではないのだ。自分の力ではどうしようもない事柄に対して、天の声にすがろうという切なる祈りを満たしてくれるものへの素朴な信仰が予言獣を生み、広めていく原動力となったのであろう。

こうしたことから、本章で紹介した幻獣たちは複雑に絡み合い、相互に影響を与えながらその世界を形成しているように思える。しかし、彼らの世界はまだまだ見えてこない。せいぜいその入り口にたどり着いたといった程度だろう。彼らの世界が鮮明になれば、彼らと共生していた父祖の心中も明らかになってくるのだろう。

今日に生きる幻獣

除災の幻獣は今日も生きている。図29は江戸時代に刷られた夔(き)像である。夔とはもともと中国の幻獣で、牛のような顔をした一足獣で、黄帝が夔の皮の鼓を鳴らしたところ五〇〇里先でも聞こえたという。夔は雷除けとしての信仰を集めていた。

山梨県岡神社には古くから六六センチほどの木彫の像が伝わっている。寛政年間（一七八九〜一八〇一）に甲斐国の川検分に来た幕府の役人が、岡神社に祀られている夔を見て江戸に帰って将軍に報告したところ、享和二（一八〇二）年に大奥から甲府勤番支配滝川出羽守

図29

を通じて岡神社に虁の真影を差し出すようにとの命が下り、真影を木版で制作し、大奥から御三家、御三卿、旗本などに数百枚が配られた。さらに、天保年間には水戸藩から石和代官所へ真影差し出しの命が下り、諸大名や旗本などに配ったという。こうしたことから虁信仰は急速に広まり、一般の人たちもこぞって真影を求めるようになったという。図29はこうした信仰の対象として各家で大切に伝えられてきたものだ。

虁信仰は過去のものではない。現在でも虁の姿が刷られたお札が作られ、雷除けとして用いられている。科学が発達した今日でも、落雷は防ぎようがなく、雷に対する恐怖心は昔と変わることがない。こうした心の不安が虁が今でも求められる源泉なのだろう。虁信仰は、父祖たちが予言や除災の幻獣とどのように向き合ってきたかを知ることのできる生きた事例として興味深いものがあるといえよう。

また、四国八十八か所の八十二番霊場で香川県高松市にある根香寺（ねごろじ）には寺の建つ山に棲んでいた牛鬼の角が伝わっている。四〇〇年ほど前に、弓の名手の山田蔵人高清が牛鬼を退治してその角を寺に奉納したものだ。寺には大きな牛鬼の肉筆画も伝えられているが、この絵は魔除けとしての効能があるとされ、寺務所では牛鬼を染め抜いた災難除けの手拭い（図30）も売っている。これなども幻獣信仰が現代にも生きていることを示すものといえよう。幻獣たちは決して過去の記録のなかだけに封じ込められたものではないのだ。

図30

3章　記録のなかの幻獣

江戸時代、人々は瓦版や錦絵、あるいは風聞などで世の中の情報を得ていたが、明治時代に入り、近代的メディアとしての役割を一手に担ったのが新聞であった。新聞は東京や大阪といった大都会だけでなく全国各地で創刊され、江戸時代とは比較にならないほどの情報社会が出現することとなる。その情報は旧幕時代と比べれば、ほぼリアルタイムで発信され、誰もがその恩恵に浴するメディア時代が到来した。そして今までは知ることのできなかった遠い地方のニュースにも接することが可能となっていったのである。

こうした、近代の象徴ともいえる新聞のなかにも、意外なことに妖怪や幻獣についての今日では想像もつかないような記事が見出されるのである。幻獣の情報についても、新聞紙上に取りあげられることによって、多くの人たちにもたらされる状況が展開されていった。こうした新しい世界のなかで跳梁（ちょうりょう）する幻獣たちの姿を追ってみたい。

メディアと幻獣

新聞が報じた幻獣

明治一七（一八八四）年一二月一日の『奥羽日日新聞』に空を飛ぶ猫を捕獲したというつぎのような記事が掲載された。

今抑爰（そもそこ）に掲げたる獣の図をば何とか見る。見ればこれ去月十五日桃生郡馬鞍村の深山に於て、同村の杣(そま)山田丑蔵が生捕たる怪物にして、全身黒色貌(かたち)猫の如く背に翼あり其鳴声虎に似たりと。偖(さて)斯る怪物をいかにして生捕しと云ふに、丑蔵は同日杣木(そまぎ)樵(とら)んと例の如く山奥深く分登りしに遙彼方の谷間方(あた)り怪しき獣の吼(ほゆ)る声してければ、兼て剛胆なる丑蔵は如何なる物にあらんと追々近寄見るに図の如き怪獣なるにぞ、こを生捕にせば金目になるまじき物にもあらずと、夫より同山に稼ぎ居たる仲間数人を雇ひ八方に手配りをなし鯨波(とき)を造りて猟立(かりたて)たるに、獣は両の翼を張り其所此方(そちこち)と飛廻るを漸々谷底へ追(おひ)詰(つめ)日暮に及びて丑蔵が一人手に捕ひなるがいかにも怪しき獣なれば、牡鹿郡門脇村字後町三百七番地の吉田清助が買取当時飼置たりとて図をさへ添ひて送られし儘斯は物しつ。

図1

記事には図1が添えられている。体に比較して羽は小さく、記事にいうような「両の翼を張り其所此方と飛廻る」というほど飛行するようには思えないが、いずれにしても翼のある猫が生捕りにされたという報道である。

この記事は五日後の明治一七年一二月六日に『絵入朝野新聞』に転載された。こちらは文末に、「……斯は物しつと『奥羽日日新聞』に見えしが惜い哉其寸重量毛色等の記載なかりし」というコメントをつけただけで、記事も図も全く同じものである。宮城県の地方新聞の記事がわずかな間に東京の新聞に転載されて情報は大きな広がりを持つようになったのである。

そもそも『奥羽日日新聞』に掲載されるようになった経緯については、読者から図を添えて空飛び猫の顚末が新聞社に伝えられたということが記事から読みとれる。江戸時代だったら、杣やその周辺の人たちだけの噂に留まっていたであろう情報が、たった一人の人物が新聞に投稿することだけで、想像もできないほど多くの人々に伝えることができるようになったのである。新聞における幻獣情報は多かれ少なかれ、この事例に当てはまるといえよう。

図2

記事によると空飛び猫は、「図をさへ添ひて送られし儘……」とあり、目撃者が描いた図を紹介していることがわかる。こうした例も少なくないが、いっぽうで、記事にするに際して、新聞社で幻獣の姿を挿絵として創作するといったケースもある。

図2は、明治一四（一八八一）年六月一五日の『東京絵入新聞』に掲載された摂津国（大阪府）能勢郡の山中で仕留められた巨大な熊ん蜂の記事に添えられたものである。人を襲うので恐れられたこの熊ん蜂は子牛ほどもの大きさで、退治して大きさを測ってみると六尺三

寸（約一・九メートル）もあり、目方は一六貫（約六〇キログラム）以上だったというからとてつもない大きさだ。

山中で巨大な熊ん蜂に襲われて逃げまどう人たちを描いているが、この絵には大きな特徴がある。人物が極端に足長なのだ。これは江戸時代に一世を風靡した鳥羽絵のスタイルで、これを描いたのは鳥羽絵を修得した絵師だったことが想像できる。彼らは江戸時代に錦絵などで生計を立てていたものの、新しい時代のなかで新聞の挿絵という道で絵師としての活動を継続していった者も少なくなかった。彼らは記事を引き立てるために絵を描いた。したがって、そこには絵師としての創作や記事を引き立てるための作為がある。

このようにしてビジュアル化された幻獣も数多い。九六ページの「東京日々新聞」六九七号という新聞錦絵に描かれた鰐魚もその一例である。度会県（三重県の一部）志摩国甲賀の浦に棲み、船乗りを襲って呑み込んでしまったという内容で、もともとは『東京日日新聞』六九七号に掲載された記事を錦絵化したものだ。この新聞錦絵というのは、新聞の記事を錦絵化した明治一〇年代前半までの独特のメディアで、いまだ新聞に馴染みを持たない人々に支持されていた。

この図を描いた落合芳幾（よしいく）は、「郵便報知新聞」の月岡芳年（よしとし）とともに、旧幕時代から活躍していたが、新しい時代に新聞錦絵に活動の場を広げていった代表的絵師である。この図はすでに芳幾の作品となっており、新聞記事の挿絵というよりも作者の意図が入り込んだ幻獣の姿なのだ。こうした側面を持ちながら、メディアのなかで幻獣たちは跳梁しているのである。

報道合戦

明治一六（一八八三）年四月二七日の『絵入朝野新聞』に、福岡県下で目撃された猿人の話題が掲載された。

> 人も通はぬ深山には目馴ぬ奇獣も有ものにや福岡県下筑前の国鞍手郡山口村千八百九番地の農菊地保平（四十七）は同郡吉田村といふ処に急用ありしが此村は山一ツを隔てる処にありて本道を迂回(まはり)ては余程の遠路にもなればとて樵夫の径を辿りつつ本月五日に山へ分入り只管(ひたすら)道を急ぎしが樹木いやが上にも生茂り昼さへ小暗き木下闇に足の進みも陟取(はかどら)ず漸くにして峠を越え谷間の道へ出たる頃傍への松の木影より身幹四尺余りにて顔は猴(さる)に似て猴にあらず猩々(しやうじやう)とも云ふべき奇獣の惣身白き毛を生じたるがノソ〱と歩み出たるを一目見るより保平はキヤツと叫びて倒れしが那(くだ)んの獣も驚きしにや峠を指て馳走(はせさり)しとぞ此の有様に保平は腰を抜して急には起得ず身の毛もよだち吉田村へ行く気もなくなり這々(はふはふ)の体にて家に帰り家内に斯と物語りしが其日より保平は惣身に熱を発し病ひの床に打臥しに第五日目に至りし頃神気(ここち)漸く常に復り農業にも出るやうに全快したる由なるが世に斯る奇獣は絶て無しとも言難けれど之を見たるが為に病ひを惹越(ひきおこ)せしと云ふは最(い)と信じ難き話なり。去ども遙々の通信なれば其儘茲(ここ)に記し置ぬ。

図3はこの記事に添えられた挿絵である。猿人が極端に大きく描かれているが、記事では四尺余（約一・二メートル）とあるので、実際には子供くらいの背丈だ。これも挿絵を描いた作者の意図が働いていたからだろう。さて、記事の最後には「遙々の通信なれば其儘茲に記し置ぬ」とあり、猿人の噂が当地で広まり、その情報を新聞社に送ってきたであろうことがわかる。

こんな地元の騒ぎと新たな猿人出現情報が再び新聞に載った。それは明治一六年八月二三日の『東京絵入新聞』である。

図3

　福岡県下筑前の国鞍手郡直方町の近傍（もより）には善良なる石炭ありて先頃発見せし人ありしより試み掘に着手せしが、是が為に今まで多く人の往通はぬ山路へも入り込むもののあるに此頃同郡山口村の人菊池何某が山奥に行しとき狒々（ひひ）に似て夫にもあらず怪しき獣を見たるが此方（こなた）も驚きて逃走れば怪物もまたいたく驚きし体にて岩根木の根を跳り越えて逃たりしとの噂をせしより、剛気なる杣山賤（やまがつ）

図4

などはいかで其怪物に出会むと、をり〳〵山口村の山に入るもののありしに此頃はからずも出会たるは身の丈四尺余まりにして面色は黒みたれど人に近くして獣類には遠く総身に長き毛ありて手足もまた人に異ならず立て歩むこと究めて早けれど稍人に馴るる体にて驚かさざれば近づききたり。別段害をなす者とも見えぬが是は彼猩々といふ者にやあらん「捕へなば一廉の観場に出すに足るべきを」など言合るよし報知ありしが這は山男かと呼ぶものなるべし。

記事とともに図4の挿絵が掲載されている。この記事をみていくと、四月二七日に『絵入朝野新聞』で報じられた猿人出現事件のその後の推移がわかる。噂を聞きつけた剛気な樵などが猿人探しに出かけ、黒くて総身に長い毛の生えた山男に遭遇したが、害を加えるような様子はなかったということだ。この記事からすると、白い猿人出現ではなくて新たに黒い山男が発見されている。これは全く別の幻人（幻獣）が見つかったということであり、話が新たな展開をし始めるのである。

先に白い猿人を報じたのは『絵入朝野新聞』であり、いわばこの幻人発見のさきがけ的報道を行ったメディアであった。しかし、山男については『絵入朝野新聞』ではなく『東京絵入新聞』が報じたのである。当時、東京には「絵入」と銘打って、その名のとおり絵をふんだんに使って三面記事的ニュースに力点を置いた新聞が数紙出されており、絵入新聞同士の競争も激しかった。そうしたことがこの幻人（幻獣）騒動の報道にも表れているのではないだろうか。読者の関心の高い記事をいち早く掲載することは新聞の生命といえるが、ここでは、そうした報道合戦が幻獣をめぐって行われていたのである。

猿人で『絵入朝野新聞』に先を越された『東京絵入新聞』が、山男報道で巻き返すとでもいうような展開なのである。これら一連の動向の背景には、幻獣ネタが読者にアピールするテーマだと考えた新聞社の報道姿勢があったからに違いない。だからこそ、いずれの記事も大きなスペースで挿絵を添えているのである。

雷獣への関心

新聞が情報発信の中心となっていった明治時代においても、江戸時代と同じく、河童、人魚、雷獣といった幻獣界の主役が活躍し、ニュース性を保ち続けていた。

図5は明治四二（一九〇九）年七月一三日の『北陸タイムス』に掲載された、富山県で捕獲された雷獣の図である。猫に似た姿をしているが、尾は反って顔にまで懸かり、鋭い爪が特徴的だ。記事は、「近く東礪波郡簑谷村に於て捕獲したる雷獣は図の如く毛は鼠色にして猫の如し。手を伸すと脇下に蝙蝠の如き膜を生じ能く飛び五十間以上を一飛びにする事珍ら

図5

しからず。尾は巾三寸位にて長さ二尺余あり薄平たく眠る時には其尾を頭に冠り形実に不思議なり。前後の足には猛き爪を生じ樹木に昇る事甚だ巧みなり頻りと天空を眺んで居るは定めし天に上りたき希望ならんと察する。食物は玉子を常食とせり」と記している。この雷獣は捕獲され飼われていたようだが、新聞ネタになるほどだから地元では相当の話題となっていただろう。

捕獲された雷獣の多くは、評判を聞きつけた見世物の興行主が買い取るケースが圧倒的だったようで、新聞の雷獣記事にはそのあたりの経緯を記したものが多い。明治二五（一八九二）年七月一二日の『香川新報』は、捕獲された雷獣のその後を追った記事を載せている。「去六日の紙上に掲げたる一宮にて捉りたる雷獣は、当市福田町の某が買取りたる由にて、弥々(いよいよ)明日辺より片原町にて立派な看板を掲げて一興行やる筈なりとか。尚聞く処によれば本紙には体重三百目と記したれども三貫目の誤りにて、大さは小柄の和犬位あり、尾短かく毛は猪毛の如く、眼光耿々(けいけい)爪の鋭どきこと通常の青竹を錐にて穿ちたる如き穴を穿ちある由、何様当地にては珍らしければ定めし大入なるべしと」といった内容だが、これなども雷獣の典型的な運命なのである。

図6

そして、新聞には見世物として雷獣が登場することを告げる八八ページのような広告が掲載されたりするのである。新聞のなかだけで幻獣の発見からその後の行方まで読者は知ることが可能となったのである。

江戸と明治の差異

全国各地の幻獣情報のなかには、河童や人魚や雷獣と同じような江戸時代からの定番ものがある。図6は比叡山に万年青(おもと)や蘭といった金目の植物を探しにいった四人組が遭

図7

遇した大蝦蟇の事件を扱った明治一五（一八八二）年一一月二九日の『西京新聞』の記事の挿絵だ。岩だと思っていたのが実は大蝦蟇で、一人は蝦蟇の毒気で命を落とし、もう一人も命に別状はなかったものの接骨医にかかっているという話である。こうした大蝦蟇の話は、江戸時代から伝えられている。図7は文化九（一八一二）年に刊行された『北越奇談』に収録されたもの。岩だと思って釣りをしていたところ、その岩は大蝦蟇だったという内容で、まさに『西京新聞』の一件と同じだ。

江戸時代からの不思議な言い伝えの元となったと思われる幻獣が発見されたという記録もある。その幻獣が図8だ。この幻獣の記事を載せたのは明治一〇（一八七七）年五月二二日の『東京絵入新聞』。その内容は、図のような幻獣を磐城国（福島県）磐前郡高野村の小学校の生徒が学校の裏山で見つけたというもので、この虫のような生き物は羽がないのにヒュウヒュウと風を切る音をたてながら空を飛ぶことができたという。そうした情報を図を添えて読者が伝えてきたのだ。

今までにみたこともない不思議な生き物で風を切りながら飛ぶという話から、記事は「此辺の諺に以前より夜中風の吹如くの音の空中にすると天狗の飛行といひならへるは若此虫の飛行するにてはなかりしかとの趣なれど、羽なくして飛ぶは如何にも奇怪な虫で有ます」と結んでいる。こんな生物が発見されたことだけでも注目されるが、最後の一文から古くからの地元の言い伝えも垣間見えて興味深い。

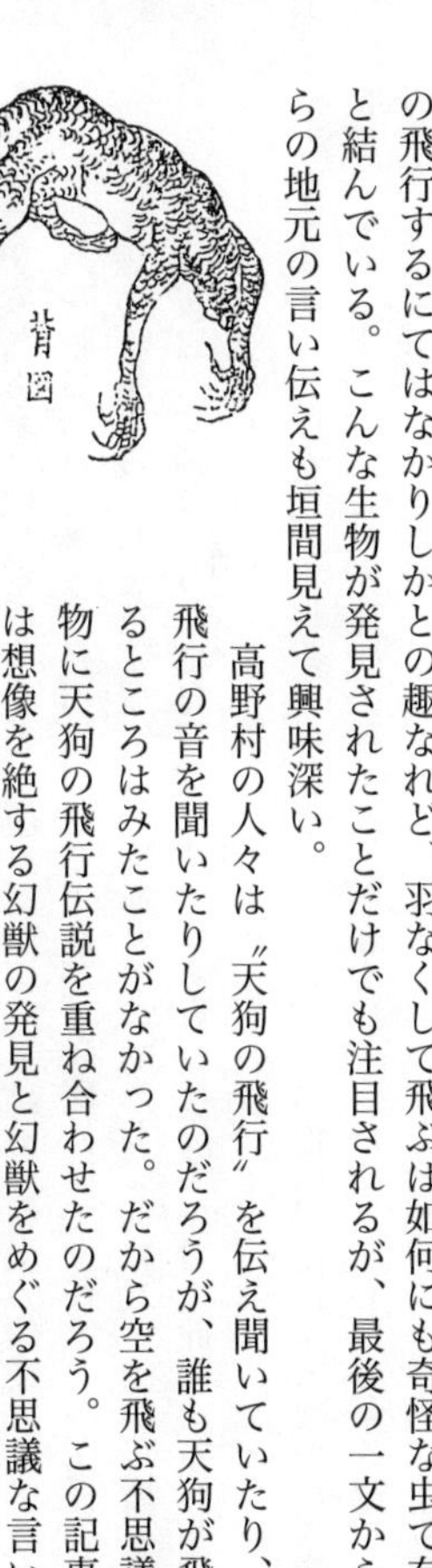

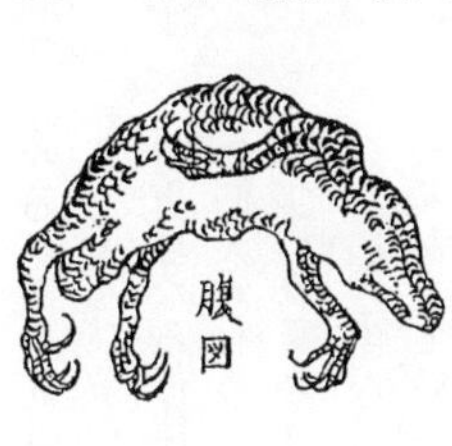

図8

高野村の人々は〝天狗の飛行〟を伝え聞いていたり、自らが飛行の音を聞いたりしていたのだろうが、誰も天狗が飛んでいるところはみたことがなかった。だから空を飛ぶ不思議な生き物に天狗の飛行伝説を重ね合わせたのだろう。この記事の魅力は想像を絶する幻獣の発見と幻獣をめぐる不思議な言い伝えや出来事の二つが重ね合わされているところではないだろうか。また、こんな地方色の濃い話題などは、新聞がなければ地元だけで埋もれてしまったに違いない。

同様のケースは散見できる。明治四二（一九〇九）年五月一〇日の『東京二六新聞』に東京・小石川の幻獣の話が載っている。その見出しは「睡くなる家——怪獣の仕業か光線の作用か——」とあり、つぎのように記している。

小石川区小日向水道端町二丁目五番地佐藤チヨ（六十四）は家族四人と共に先月牛込辺より移転し来りたるもの

なるが数日前家族皆他出しチヨ一人留守居をして居りし処夕暮頃奥座敷の方にて「婆婆」と忍びやかに呼ぶ声の物凄きに驚きて振返り見ればこは如何に猫位の大きさにて全身真黒なる得体の解らぬ怪獣が後足にて立上り前足を手の如くお出お出を極めて居るのに仰天し有あふ得物を投げ付けたれば怪獣は直に姿を隠したるが夫より毎夕暮には同家及び其隣家なる山村方の勝手元へ立現はれ人々の肝を冷やさす始末に皆々気味悪るがり恐れ居る由なるが佐藤方にては是非生擒にして呉れんと縁の下へ穽（わな）を拵らへて待受けつゝありといふ。若しチヨがいふ如く人語を発するとすれば誠に不思議の獣なるが、尚之れよりも不思議といふは佐藤方の座敷にて皆々立寄りて話合ふ時は何事なきも仕事でもするとか黙って坐り居ると自然と眠気がさし来たり我れ知らず睡る事度々なり。始めは時候好き今日此頃の事なれば所在なきまゝの退屈から睡魔に襲はるゝものなるべしと思ひ居りしも余り眠気を催すことの屢々なるより果は前記怪獣の仕業なるべしと女抔（など）は恐れを抱き居れどチヨの長男岩男（二十八）は睡魔に就ては怪獣との関係にあらず多分光線の作用なるべしと目下研究しつゝありとの噂なり。何にせよ山師が斯る評判を立てさせ後之を生捕りたりとて見世物にする例多ければ之も多分は此類なるべし。

この記事では人語を発する怪獣への驚きとともに、その怪獣が出没する家では異様な睡魔に襲われることから、これを怪獣の仕業だと結びつけていたことがわかる。人語を話すくらいだから人をコントロールすることもできるだろうという考えが、この幻獣にさらなる不思議な力を与えているのである。これなども、解明できない現象を幻獣の仕業とすることで納得したのだろう。江戸時代と同じく、このようにして幻獣はさらに大きな存在となり、人々の心に刻み込まれていったに違いない。

いっぽう、この記事では若者であるチヨの長男が幻獣と睡魔の関連を否定し、〝光線の作用〟を睡魔の原因とみて研究中と記している。彼は親たちの古くさい迷信などは信じずに科学的に睡魔を究明しようとしているようだが、こんなところにも時代相が垣間見えて面白い。さらに、記事の最後には山師がこの幻獣の不思議さを噂で流して見世物としての価値を高めようとしていたと推測しているが、これなども幻獣がどのようにして評判となり、やがては記録として伝えられていったかを知ることのできる一つの事例といえよう。

もう一つ、新聞記事を紹介したい。これは明治四二（一九〇九）年五月一六日の『佐渡新聞』に掲載されたもので、「人の鳥に似た怪獣」という見出しである。

山形県西村山郡東五百川村大字和合字金山佐藤五郎（三十三）は此程夜自宅納戸に西枕に臥し居たりし処同夜午前一時二十分とも覚しきに一種云はれぬ腥（なまぐさ）き風吹き起りて五郎の頭を冷たき手にて二ツ三ツ打ち叩くものあるより吃驚して起き直れば枕許には六尺以上の大入道が炬火の如き眼光を放ちハッタと睨み据えしより五郎は大に恐れコハ到底一人にて叶はじと傍に眠り居たる弟忠兵衛（二十五）を揺り起し格闘の末漸く仕止めたるが翌朝入道の正体を見しに長さ四尺巾三尺位ありて太き尾あるより考ふれば獣類な

らんも両側には鳥の翼ありて獣にもあらず鳥にもあらざる怪物なり。殊に不思議なるは手に人に似て前指四本後指五本あり実に不思議なる怪物也と。

この幻獣は不思議な能力を持っているわけではないが、鳥のようでも獣のようでも人間のようでもある想像すらできない姿をしているようだ。こうした、誰もが思いもつかないような幻獣の出現は、それだけでも大きな話題となる点では羽がないのに空を飛ぶ幻獣に通じる一つのスタイルといえよう。

熱湯を泳ぐ魚

明治一六（一八八三）年二月一二日の『東京日日新聞』に、つぎのような記事が載っている。

> 此程水産課の官吏が取論べられたる伊豆国加茂郡伊東郷の和田村地内唐人川に産する異魚は其形容旭魚に似て全体茶褐色なる中に斜に黒き縞あり此を横縞と云ふ。又縞鯛鰹魚に似たるものあり。此魚の奇なるは網に懸る時大なる声を発す。其声法螺を鳴すに似て遠く一二町の外に達し響の震ふこと甚だ凄じと云ふ。大なる者は七八寸小なる者は五六寸なりと土人は此を毒魚と称して食せざるが未だ其確なるを知らず。但し此の唐人川は和田の温泉を水源とするを以て常に六七十度の温度ありとぞ。魚にして法螺を吹く人の此と鳴すと怪しむ勿れ。

伊豆に高温の湯のなかでも生きていられる魚がいるという話題だ。

いっぽう、明治一七（一八八四）年七月一二日の『朝野新聞』には、「熱海温泉の出る岩(いは)窟(むろ)の熱湯中に此頃魚の生育するを発見したるに其類二種あり。一は鰺(あぢ)の如く一は鮒の如くにて毒魚と称して人の食はざるを、或いか物喰ひが丸煮にして之を食はんとせしに、熱湯のうちに育ちたる魚なれば釜中に在て洋々焉(やうやうえん)と遊泳するに驚き工夫を換へて刺し身になし食ひし処其味尤も美なりしと其地より態々(わざわざ)の報なるが些(ち)とうけ難き様に思はる」との話題が書かれている。これも熱湯でも生きている魚の話だ。

図9

こうした話はどこから出てきたものだろうか。図9は伊豆伊東の浄の池を撮った「内務省指定天然記念物浄の池異魚絵葉書」である。この絵葉書セットには、これ以外に浄の池に棲む大きな鰻や湯鯉などの写真もあるが、そのなかに「しまいさぎ」という魚も含まれている。「しまいさぎ」は方言で「横縞」と呼ばれ、体に四本の縞模様が入っている。これが『東京日日新聞』のいう「黒き縞あり此を横縞と云ふ」なる魚だろう。また、縞鯛鰩魚に似ていて毒魚と呼ばれる魚は「おきふゑだい」で、こちらも方言で毒魚と呼ばれていたとある。このことから記事は浄の池の魚類を指しているのであろう。浄の池は記事に書かれた唐人川ともつながっている。

しかし、記事は実態とはかけ離れた内容を含んでいる。一、二町もの遠くまで響く声を出すこともないし、水温は二六度程度で、「六七十度」という記述も大げさな数値である。こうした誤報値から『朝野新聞』の「熱湯のうちに育ちたる魚なれば釜中に在て洋々焉と遊泳する」といった話にもなっていくのだろう。浄の池や唐人川には微温湯が流れているのは事実で、そこに鹿児島以南やフィリピンなど温かい地域に生息する魚がいたため、それが伝えられていくうちに熱湯でも生きている魚になったりしたのだろう。新聞記事は決して何の根拠もなかったわけではない。しかし、ちょっとしたことがいつの間にか恰も事実のように変質していくという過程がみられる。幻獣誕生の一端が窺える事例といえよう。

幻獣対科学

さて、図10は昭和一〇(一九三五)年に行われた幻獣の見世物のチラシである。「学界の謎　実物海の怪物!!」と表題を掲げ、人目を引こうとしているが、この幻獣の特徴は頭が鯨、胴体が蝙蝠、足が人間、尻尾が獣という何とも想像できない姿で、水中、空中、陸上を自由に動けるのだ。そして重量が一八〇貫(約六七五キログラム)、大きさが一間二尺(約二・四メートル)、幅二間三尺(約四・五メートル)で飛行機のような格好をしているという。

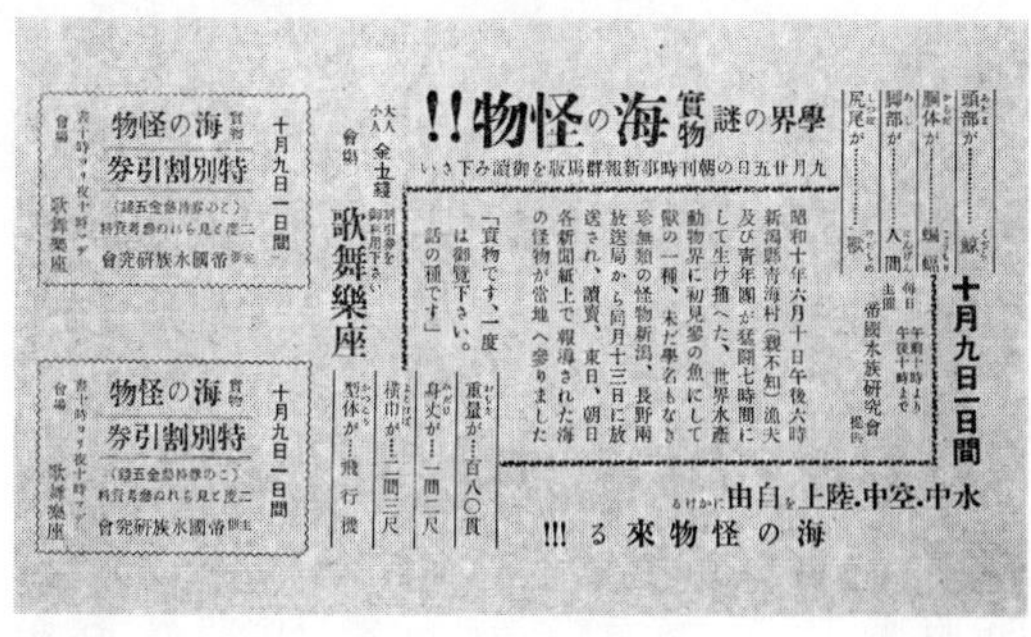

図10

「昭和十年六月十日午後六時新潟県青海村（親不知）漁夫及び青年団が猛闘七時間にして生け捕へた、世界水産動物界に初見参の魚にして獣の一種、未だ学名もなき珍無類の怪物新潟、長野両放送局から同月十三日に放送され、読売、東日、朝日各新聞紙上で報道された海の怪物が当地へ参りました」「実物です、一度は御覧下さい。話の種です」とアピールしている。この幻獣なども空飛ぶ幻獣や鳥とも獣とも人間ともつかない幻獣と同じようなパターンが踏襲されたものだったといえよう。

宣伝文にもあるように新聞や放送ですでに報じられており、頭が鯨、胴体が蝙蝠、足が人間、尻尾が獣で海中、空中、陸上を自由に行動できると謳っても、あまりにも非科学的で信じられないことだったろう。昭和一〇年にもなれば、こんな幻獣の存在は荒唐無稽だと考える人も多かったに違いない。しかし、この時代も実際にこうしたチラシがつくられ配られていたということは紛れもない事実なのである。ましてや、科学的思考が広まって来たとはいえ、まだまだ古い因習がのこる明治時代にあっては、嘘のような幻獣が跳梁することは決して不可能ではなかったのであり、さらに遡って江戸時代においては、彼らは何憚ることなく跋扈できたのである。

しかし、こうした幻獣の世界にも確実に時代の波が押し寄せて来たこともみてとれる。先に紹介した小石川の幻獣と鳥や獣や人に似た幻獣の話が掲載されたのはいずれも明治四二年のことであるが、同じ年の八月二八日の『東京朝日新聞』に掲載された記事は、これらとは趣を異にしている。

「本所の怪獣」と題されたこのニュースは狸とも熊ともつかない奇獣が捕まり、野次馬や香具師が連日のように押しかけているというものだが、記事にはこの奇獣の写真も掲載されているのである。そこには文字情報や挿絵などでは伝えられない〝本当の姿〟がある。記事や挿絵によって読者の心を惹きつけるといった作為は、写真が使われることによって成立しにくくなっていったのであり、前出の『東京二六新聞』や『佐渡新聞』が『東京朝日新聞』と同様に写真で幻獣を紹介していたら、別な内容の記事になっていたのかもしれないのだ。『東京朝日新聞』は本所の奇獣について、狸の変態ではないかとの上野動物園の専門家のコメントを紹介しているが、幻獣にもこうした視点が入り込んで来ている。偶然にも同じ明治四二年という時代において対照的な幻獣記事をみることができるのは興味深い。

翌四三年九月一日の『都新聞』に板橋の幽霊井戸の話題が載っている。内容はどこにでもありそうな因縁話で、井戸から幽霊が出るといったものだが、この記事にはその幽霊井戸の写真も掲載されている。幽霊井戸といわれなければ普通の井戸と全く異なるところはない。

これが一昔二昔前だったら井戸から幽霊が出ている挿絵が描かれたことだろう。もちろん、井戸から出てきた幽霊を写真に撮ることは不可能だが、幻獣となると生き物として確かに存在しているのであり、写真に撮れないという理屈は成り立たない。時代が下ると同じ不思議な存在といっても、幻獣は幽霊や妖怪よりも住みにくい状況が必然的に生まれてくるといえよう。そうした一端を新聞のなかでうごめく幻獣たちの姿からみることができるのである。

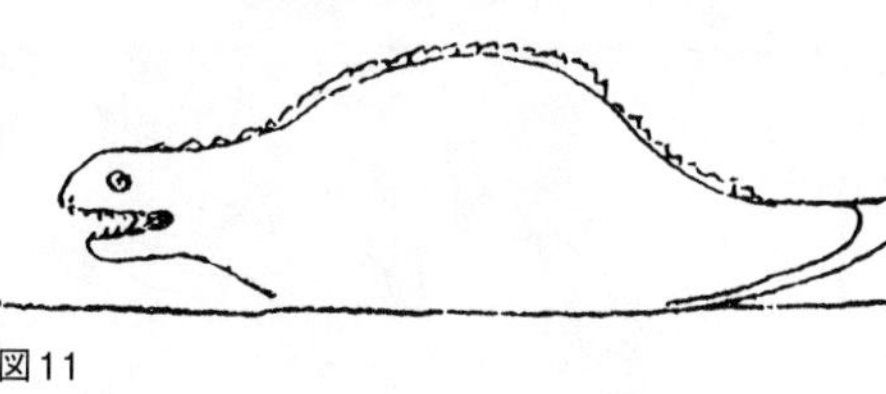
図11

海外の幻獣

さて、新聞は情報の集積基地としての機能を持ち、各地からの幻獣ネタなども集まってきたが、その情報は国内に留まらず海外からももたらされるようになる。幕末の開港で外国の情報が飛躍的に増加し、明治に入ると新聞によって誰もが異国の話題や事件などの情報を身近に得られるようになっていった。こうした時代の推移のなかで、今までとは異なった外国の幻獣たちも登場する。

図11は明治四二（一九〇九）年三月五日の『東京朝日新聞』に掲載された「台湾近海の海獣」である。

新嘉坡（シンガポール）より香港を経て一昨三日横浜へ入港せ

し英国汽船サンタル号の船長ハーバード氏の直話に依れば同船航海の途中台湾近海通過の際本船より約廿間許り隔てし海面に高さ十五呎（フィート）長さ二百呎（フィート）位なる一種不可思議の動物水面に遊泳し居るを認め船員一同奇異の感に打たれ模写したる見取図左記の如くにして背中一円「トゲ」の如きもの生え居りて世界の海獣中には勿論魚族中には未だ嘗て見たることも聞きしこともなき動物なりしと云ふ。

以上のように記されている。二〇〇フィートというから六〇メートルもある巨大な生き物だが、この種の幻獣の目撃情報は日本では確認されておらず、交易が開かれたことによって得られた新たな幻獣といえよう。

図12

図12はニューギニアにおいてイギリスの探検隊によって発見された巨大な生き物だ。これを紹介した明治四三（一九一〇）年八月二〇日の『北陸タイムス』には「蘭領の怪獣（象よりも大なり）」との見出しでつぎのように紹介されている。

英国禽獣協会の派遣したる科学的一探検隊は本年匆々蘭領ニューギニーに到着し早速スノーマウンテンなる海抜二千呎の山脈に向ひ探検の歩を進めたるが途中計らずも子グリトなる珍しき小人種を発見したり此の人種は身長高くも四呎六吋を出でず殊に其婦人の如きは四呎を越ゆるものあるなく平均して全体の身長約四呎三吋を計り色黒く鼻扁平に而して頭髪は縮れて房を為し其智識の程度に至りては実に憐む可しと云へり然るに右探検隊は此の小人種の発見と同時に一の奇怪なる大動物を認めたる由にて其報告する所に據れば形象よりも大きく毛は黒白の斑を為し一見恐る可き感覚を与ふ其果して何族に属するやは未だ明ならざるも彼の歴史前に存在したるヂブロドンと称する巨獣の一族には非ずやといふ兎に角土人が此の動物の為めに被る損害は甚しきものにして百方其捕獲を計れども未だ其目的を達するに至らずして年々彼の犠牲となるもの多しと云へりとあり。

記事の前半は小人種の発見と彼らの特徴を記しているものの、見出しや、その怪獣が挿絵として描かれていることからすると、記事の主題は怪獣の発見であることがわかる。このニューギニアで発見された象よりも大きい怪獣の話も当然ながら海外からもたらされたものであるが、記事からすると、目撃者から直接聞いた話ではなく間接的に入手した話だったと思われる。同じ海外の幻獣情報といっても決して一様ではない。

明治九（一八七六）年一〇月一九日の『仮名読新聞』にアメリカの巨大イモリの記事がつ

ぎのように載っている。

米国の大漠中四方尽りなき広野に一の旅人馬に乗って夕方宿屋のある方に火の光りを目的として駆る時、忽ち尾の長き奇体の物地上より突と起あらはれて変な声にて高く吼るに旅人は愕りして戦へ揚ると彼の怪物は行成乗ったる馬を捉へんとするに馬は彼声を聞いて気絶したるが如く稍心付き眼を開いて四辺を看廻し走らんとする時、乗人は驚きながら怖々此怪物を一目看るにその立廻りの迅き事常ならず、或ひは奔り或ひは匍匐てその形ち半分は蛇の如く半分は獣の如き大きく肥たる虫なれば、旅人は馬に鞭を当遁去らんとするに、馬も跳り揚り沙を蹴立馳たれど、始め毒気を吹かけられ終に途中に倒れしゆゑ旅人は乗捨て猶逃走るに彼怪物は馬を追蒐その倒れたるを看て走るを止め遠くより窺ひて母猫の児猫と遊び戯むれるやうな形態をして玩弄ぶその形象をよく〳〵視るにさながら蜥蜴の体にて、延び上りたる高さは凡八尺ばかり走る力らは全く尾にある如く尾は後へ曳く事一百尺に下らずその軀の中分に幅率ね三十尺径り少なくも八尺乃至十尺に至るべし。諸足は械より大きく少しく支持の力らありて歩みを進む可し。腹は地に触れ頭は頂きが坦平にて大桶を重累可くその長さ十尺に越へたり。両眼は大盤の如く左右へ距れること四尺五寸きらきらとして恰も馬車の左右に付たる灯の如く全身の色は黒紫なり。口は小家の入口のやうにて開くその舌をペロ〳〵出し哀れむべし彼馬を一呑に吸ひ込み即にボリ〳〵肉を嚙む骨を砕く音が聞こへたれど間もなく喰ひしまひたる様子に

図13

て寂然として居たが又忽ちに起上りしゆゑ彼旅人は今度は我身が食殺される事であらうと覚悟して居たれど幸ひにして怪物は身を転へして旅人を顧みず再び西の方を望みて走せ去りたる跡にて旅人は九死一生を保ち暗夜乍ら荒原を蹂躙〱その場を稍く遁延たと『ヘラルド』新聞に記載て有ます。

尻尾だけでも三〇メートルもの想像を絶する大きさの蜥蜴のような格好をしており、馬を一呑にしたという。図13はこの記事の挿絵。馬を一気に呑み込む大蜥蜴と逃げ去る旅人が描かれている。四方を海に囲まれた島国に住む日本人には、大海原や海底の未知なる世界にみたこともない不思議な生き物が棲み、また全くの想像でしか知り得ない雲の上の世界にも、生き物の存在を信じて、空の幻獣たちに生命を吹き込んだ。さらには国土の大半は森林ということから未踏の森のなかも幻獣の棲む世界として認識されていた。しかし、アメリカから伝えられた大蜥蜴は、こうした日本人の幻獣観からは生まれてこ

図14

ない別世界の幻獣といえる。日本人にとって、砂漠に対する知識はせいぜい書物や伝聞くらいでしかなく、広大な国土のなかに大きな荒野が横たわるといった環境は想像すらできなかったに違いない。森も木もなく、地平線まで見渡せるようなところで、どうしてこれほどの大蜥蜴が人知れず生きて来ることができたのか。恐らくは理解の範疇を超えてしまっていたであろう。

図14は明治二三（一八九〇）年九月二七日の『国民新聞』に掲載されたフロリダの海岸に現れた海蛇である。記事には、「去月米国フロリダの海岸に匍ひ上り居たる海蛇は長さ十丈三尺、三人の者傍らより明かに見届けたる形は図の如し」とある。これなどもそれまでの日本人の常識からは逸脱した幻獣だ。大海原で巨大な生き物を目撃したということならともかく、三〇メートルを超える海蛇である。日本では越中国（富山県）放生淵に出現し、一五〇〇人がかりで退治した悪魚でさえ一一メートルに過ぎない。その三倍もある海蛇が上陸したのである。これなども海岸線が延々と続く広い国土のなかでの幻獣であり、海の近くまで人家が点在し、景色や海岸線が豊かに変化する日本の地理的条件からは生まれることはなかったといえよう。新聞報道は、こうした〝新種〟の幻獣をもたらしたのである。

海外情報の入手

ところで、大蜥蜴の記事には、「『ヘラルド』新聞に記載て有ます」と最後に書かれている。台湾近海の海獣は目撃者からの直接の情報であり、ニューギニアの巨大海獣の記事は間接的に情報を得たと思われるが、大蜥蜴のケースではニュースソースとして海外の新聞が利用されていたことがわかる。こうした海外の新聞から得た幻獣情報をもとにした記事は散見される。しかし、海外の新聞からの情報取り入れも必ずしも一様ではない。

図15

図15は明治九（一八七六）年一月二九日の『東京平仮名絵入新聞』に掲載された鯨を絞め殺す海蛇であるが、この海蛇はイギリス船の乗組員によって目撃されたものである。

英吉利（いぎりす）の「ハウヲイン」と号（い）ふ船に甲比丹（かぴたん）「トレバー」氏を始め許多（あまた）の水夫が乗込んで英の海軍省の用物を積入れ亜弗利加（あふりか）「サンジバー」の殖民地へと向けて航海る（のりわたる）途中去年七月八日の事でありますが、忽ち海の上に三尾の鯨が浮出すと、其うち一尾の鯨の胴中に大きな海蛇が巻付て居て全体の長さはどの位あるか頭首(あたま)と尾の出て居る所ばかりでも凡(およそ)三丈程もあつて背中は赤鳶色で腹は白いといふ事だが其蛇が姑(しばら)く鯨を巻しめると見るうち終に波の底へ引込むと外の二尾の鯨も其友鯨を助けんとせしが一尾の引込れたのを恐れたか是も波の中に形ちを隠しました。偖此(さて)英船は十三日に至り又他の海蛇に出合つたさうですが今度は全身が波の上に出て居て四丈あまりも在ましたが其翌日も又船の近所へ頭首を出したは長さ六丈あつて両眼を見開き大きな口を明いて船に向つた時には船中も駭(おどろ)いておの〳〵斧杯(など)を持て身構をせしに遉(さす)が船をば襲ひもせず終に波の底に沈みしと『朝野新聞』に見えましたが、珍らしい話し故図を加へて出しました。

海蛇目撃の記録は欧米では多く、この海蛇情報もそうしたなかの一つといってよいものだ。しかし、この記事には興味深い特徴がある。それは記事の締めくくりとして、「『朝野新聞』に見えましたが、珍らしい話し故図を加へて出しました」と記していることである。この記事はもともと『朝野新聞』が取りあげた話題だったのである。それを『東京平仮名絵入新聞』が図を加えて再録したのだ。これは直接的には外国との接点を持たない外国の幻獣情報ということができよう。すでに紹介したように『奥羽日日新聞』の羽のある猫が捕獲された記事を『絵入朝野新聞』が再録したようなケースがあるが、ここではそれが海外の幻獣情報にも及んでいることを示している。こうした確かめようもない二次情報、三次情報が入り組んで、海外の幻獣のイメージをつくっていった側面があるのも事実なのだ。

科学の発達は、逆に新たな幻獣世界をも投げかけることがある。二〇世紀に入って一〇年ほどたった明治四三（一九一〇）年一二月二六日の『時事新報』に、「空中の酸素減る」と題された科学記事が掲載された。記事はつぎのような文から始まっている。「近頃欧羅巴（ヨーロッパ）の科学者にして大気中の酸素が最近五十年間に於て著るしき減少を示したることを断じ其大原因を以て山林の伐採にありと為せるものある由……」。これは今日の地球環境問題につながる問題提起で、一〇〇年も前から危機意識を持っていた人たちがいたことを示すものでもあるが、記事では酸素が少なくなることによる環境に生物も適応するため姿形を変えていくという学説を紹介し、こうした論拠によって描かれたといわれる未来の生物の姿を掲載している。

図17

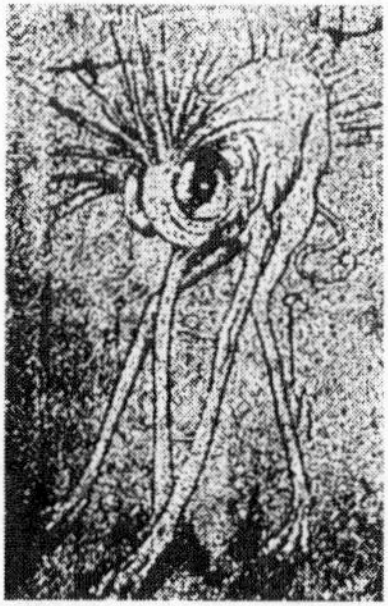

図16

図16には「地上低く残存せる酸素を呼吸せんが為め先ず第一着に四這ひ動物となり気孔は章魚（たこ）の吸管の如きものとなり鼻は蔓の形と化し脚は不用となり恐らく長大なる尾の如きものを形づくる」、図17には「蠢々として遅緩なる生命を支ふる繊弱動物」との説明がつけられている。どちらも人間の遠い子孫たちだ。この

絵だけを見せられたら幻獣以外の何ものでもない。しかし、この絵は決して何の根拠もなく描かれたものではなく、酸素が減少するという環境のなかで生き延びる必然的な形として表現されている。

描かれたり、書かれたりして伝えられて来た幻獣の多くは、私たちの想像を超えたものである。それを単に荒唐無稽という一言で片付けるのは簡単かもしれないが、今一度彼らの声に耳を傾けると彼らは何の根拠もなく現れたのではなく、出現する理由があったことが伝わってくるのではないだろうか。そうした視点から近代化のなかでの幻獣の変質を追って行く豊富な資料が新聞には眠っているのである。

江戸の幻獣文献

ストーリー絵巻

絵巻のなかには幻獣を扱ったものが存在する。鬼や土蜘蛛なら酒呑童子絵巻や土蜘蛛退治絵巻などがある。酒呑童子絵巻は頼光が大江山の酒呑童子という鬼を退治する物語を絵巻にしたもので、現在でも少なからずのこっているから、江戸時代を通じて相当の数が描かれたと思われる。また、土蜘蛛退治絵巻も頼光の活躍で土蜘蛛が退治されるストーリーを描いているが、酒呑童子絵巻と同様に長きにわたって描き継がれていったものだ。

こうしたポピュラーな絵巻とは別に幻獣を扱った絵巻がある。その数は決して多いとはいえないが、独特の世界をつくりあげている。絵巻は一般的にはストーリーが展開されるタイプが多いようだが、幻獣の絵巻にもこうしたタイプが存在する。筑前国宗像郡本木村化物退治絵巻や妖怪退治絵巻などがそれだ。

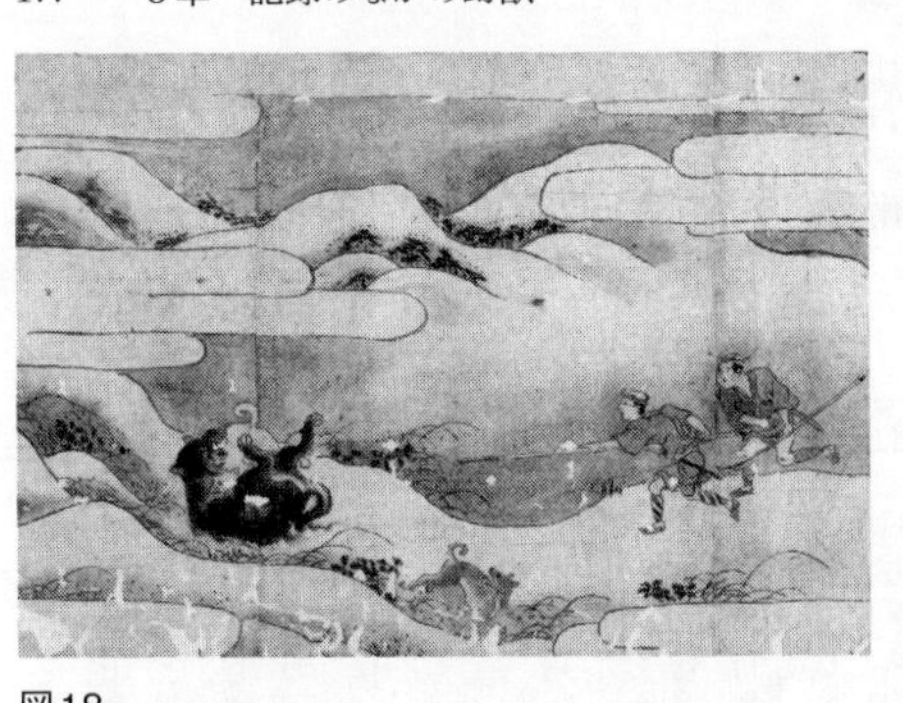

図18

筑前宗像郡本木村化物退治絵巻（図18）は、当地に伝わる幻獣出没の話を絵巻化したものである。延宝八（一六八〇）年に現れた幻獣が、妖術を使って変化して本木村の人々を恐れさせたが、最後は退治される。絵巻には猫か狼のような姿をした幻獣が描かれており、これが何年にもわたって村人を悩まし続けたのだ。この絵巻には詞書があり、文章と絵によってストーリーを追っていくスタイルとなっている。写本としても伝えられているが、こうした資料によって竹林庵なる人物が明治四二（一九〇九）年九月に『福岡日日新聞』に「本木の化物」と題して本木村の幻獣について退治されるまでの経緯を書いている。初回はつぎのような内容だ。

> （前略）僕は避暑休暇中、数ば当村に遊び、又た当山にも登りて名代の怪談を探究したが、化物の

絵巻物も昔は村にあつたさうだが何時の頃か土中に埋めて終うたと云ふ。村民は今に祟を畏れて多く語らない。化物の家元、桑野国太郎氏宅は今に現存し、今から二十年前までは化物の骨が家の宝物として秘蔵してあつたさうだ。が今はそれすら亦た祟を畏て土中に埋め、一切秘密に封じてある。秘密とあれば一段に見たい聞きたいが世の人情、僕は此の秘密を見聞せんため家元に就て問ひ尋ぬるも多く語らぬ、辛うじて相伝の写本一冊を借り受けた。此書は坊間に伝る彼の市に三虎を走らす的の戯作物でなく、百余年間、蔵に深く秘めて、嘗て一ども家の門から外に出し世の人に視しめたことのないと云ふ珍書。僕は此の珍書を得たばかりか、附近の山野を跋渉して、尚ほ幾多の材料を漁り、且つ絵巻物の断篇すら手に入れたれば、いで自家薬籠の口を開いて御披露申さう。

本木村では明治末になっても二〇〇年も過去の幻獣の話が脈々と息づいていたのだ。

いっぽう、妖怪退治絵巻は詞書がなく、絵だけで物語が展開される形式をとっている。古びた屋敷で一夜を明かす武士のもとに現れる狐狸妖怪たちが武士と飲めや歌えの宴会を繰り広げ、酔ったすきに武士の弓や刀を奪おうとするものの、これに気づいた武士が大きな布で体を隠した妖怪たちの頭領とおぼしき姿を発見して矢を射て退治すると、それは大彿彿だったというものだ（図19）。

京都の大徳寺真珠庵に伝わる百鬼夜行絵巻には布ですっぽり体を覆い、足だけが見え隠れしている化物が描かれているが、布を被った大彿彿はこれに酷似している。さらには葛籠から出てくる妖怪の場面なども百鬼夜行絵巻にあることから、この妖怪退治絵巻は明らかに百鬼夜行絵巻に影響を受けたことが認められるのである。

図19

怪奇談絵詞

こうしたタイプの絵巻のほかに、いくつもの話を収録した百物語的絵巻のなかに幻獣が収録されているケースがある。福岡市博物館が所蔵する怪奇談絵詞などがそれだ。怪奇談絵詞とはその名前の通り文章と絵でいくつもの怪奇談を収録した絵巻で、ロシア、イギリスなど国名も出てくるところから恐らくは幕末頃に制作されたと思われる。全部で三三点の怪奇譚（図）がある。筑前、肥前など九州の話が多く、関係を窺わせる。また、諷刺として妖怪を登場させたりもしているが、この絵巻は類例が確認されておらず、どのような意図でこれらの話をピックアップしたのかなど、詳しいことはわからない。この絵巻に登場する幻獣は六種類である。

絵巻の冒頭に出てくるのが犬が産んだ幻獣（口絵

8）だ。黒色の犬で、首輪もつけられているところをみると飼い犬なのだろうが、目をひくのが大きな嘴（くちばし）である。「福岡唐人町に、寛保の比、犬斯の如き子を産む。飯、魚を喰ふ。早く死す。頭はしぶと鴉の如し」との文章が添えられている。寛保年間というから一七四一〜四四年の間の話だが、一〇〇年以上経てこの絵巻に収録されているということは、何らかの記録として残っていたか、伝えられて来たということだろう。

図20

つぎに登場するのが野女（図20）と呼ばれるものだ。河童のような体で髪が長く、目はつりあがり口は大きく赤い不気味な姿だ。全身に鱗のようなものが描かれており、手足の指は三本で人間ではないようだ。添文には「筑前の国上座郡赤谷村山奥に谷川有り。延享の頃、薪取に出たる久六と云達者なる者、出会たり。野女出て、無二無三に久六に組付たり。此者、大力にて取て投ければ又飛かかり飛つくを、幾度ともなく投つくるに漸逃失ける。久六宿へ帰りて絶入しけるが、人々打寄薬よ水よとあわて与へければ、息（一字欠）たり。腥き事限りなし。野女と云もの丶よし」とある。延享は一七四四〜四八年なので、この話も昔のものを収録したということだろう。野女という名前がつけられているところからすると、すでに何人もが遭遇して噂として伝えられていたようだ。

本木村の幻獣の話も収録されている。ここでは「筑前の国宗像郡元木村に化もの出て人を悩す。様々に化たり。大きに数多しといへども名の知れざる怪しき獣弐疋なり。其形斯の如し。衣笠家の図に出る也。太さ犬程有といふ」との添文があり、屋根の上にいるところが描かれている（図21）。有名な怪異談として知られていたのだろう。「衣笠家の図に出る也」と書かれていることから、描き継がれていったことがみてとれる。

図21

　図22は北国の巨大魚の話である。これは地元色のない北国の話だ。船の後方に真っ赤で巨大な魚が波間から姿を現し、肝を冷やして逃げ去る漁師の様子が描かれており、「北国方の漁夫、年々鱶(ふか)を釣けるが或時大鱶を釣たると覚へて大盤石を引如く、加勢の船頭呼て引上るに何とは知らず六七尺四方あらむと思ふ大頭出たり。赤きこと朱の如し、眼、鏡のごとし。釣糸、此口にあり、何れもうつぶき二目と見ず、糸を切捨て早漕して逃たりと語けり」とある。巨大魚の話は各地に伝えられているが、北国の真っ赤な魚の話がどうして怪奇談絵詞に収録されたのかはわからない。この絵のような巨大魚は他では描かれていないようだ。

図22

図23

河童の河太郎という名称で収録されている図23は、長い髪の毛を振り乱し駆けている姿が珍しく、一見すると野女に似ているようにも思える。野女も谷川に出現しており、全身が鱗状なので水に関わりの深い幻獣と思われ、河童との関連もあるのかもしれない。「河太郎という者なるが、人を喰ふ。相撲を好。頭にくぼみあり。水溜る。水なきときは力なきよし」と一般的な河童の特徴を記しているだけで、特定の場所に出たものではないようだ。

図24は蛇体の女である。体は蛇で顔は女という姿で「大和国三笠山にて杣人六七人、是を見る。五人は急死す。壱人走り下り知人に是を語るに三日を経て病を得て死す。顔の美しき事斯のごとし」とある。いつのことかは記されていない。体は蛇で顔は人間という幻獣の出現記録として興味深いものがある。

図24

幻獣尽くし絵巻

こうしたいくつもの幻獣を収録した絵巻として、もう一つ幻獣尽くし絵巻を紹介したい。この絵巻は山椒魚やマンボウなどとともに六種類の幻獣が収録されている。その冒頭に出てくる人魚図は木版刷だ。さらに収録されているものを見ると筆跡などがまちまちであり、もともと別々に描かれていたのを集めて絵巻にしたと思われる。だから木版刷も一緒に絵巻化されたということだろう。別の作品を集めて絵巻とすることは稀に行われるが、肉筆と印刷物が混在するタイプは極めて例外的といえる。この点から、この絵巻が幻獣や

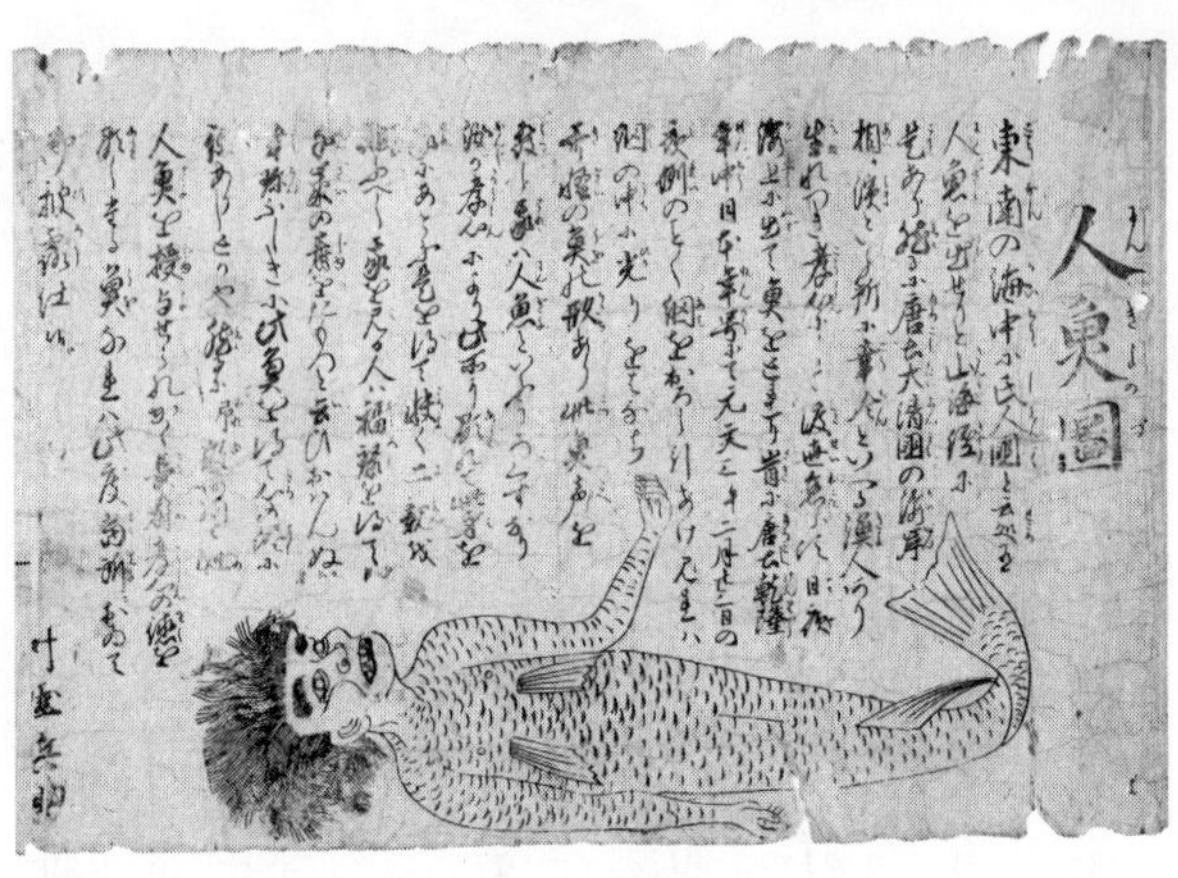

図25

珍獣にこだわってつくられたものであることがみてとれる。絵巻に幻獣がいくつも収録されているとはいっても、怪奇談絵詞とは異なった視点で絵巻制作が行われたといえるのである。

図25の木版刷の人魚図の姿は、男のようだ。説明には、人魚の由緒を記している。

> 東南の海中に氏人国と云処有、人魚を出せりと山海経（せんがいきやう）に是あり、然るに唐土大清国の海岸相ヶ浜といふ所に幸珍といへる漁人あり、生れつき孝心にして渡世怠らず日夜海上に出て魚をとれり、時に唐土乾隆年中日本年号にて元文三年二月二三日の夜例のごとく網をおろし引あげ見れば網の中に光りをはなち奇怪の魚の形あり、此魚声を発し我は人魚といふうろくずなり、汝が孝

心により此所に現れて此身を我にあとふ、是を得て快く二親を養ふべし我を見る人は福禄を得て千歳の寿をたもつと云ひおわんぬ、幸珍ふしぎに此魚を得て心の儘に漁ありしとかや、然るに予故ありて此人魚を授与せられかく長寿孝心の徳を現したる魚なれば此度当所において御披露仕候
叶屋兵助

「氏人」は「氏人」の誤りだろう。大きさなどはわからないものの、中国からもたらされたものと謳っている。発見されたのは元文三（一七三八）年二月二三日、乾隆帝が即位して三年ほどの時期だ。どのような事情でこの人魚が日本に来たかは具体的には書かれていないが、「此度当所において御披露仕候」とあるところから、この人魚は見世物に使われていたことは間違いない。その興行主が叶屋兵助という人物なのだろう。叶屋兵助が宣伝のために撒いたチラシだろうが、「当所において御披露」という言い回しからすると、場所を教えなくても誰もが知っていたと思われるくらい狭い地域での見世物にこの人魚が使われたのだ。このチラシがどのような経緯を経てか絵巻のなかに納まったのだろう。

人魚に関する刷物は多々あるが、これだけはっきり興行用のチラシとして制作されたことが明確な資料は少ないと思われる。ほとんどのチラシは興行が終わると無用となり、受け取った人たちも捨ててしまう。それ故に後世まで残ることは少ない。この人魚のチラシも絵巻に入れられたからこそ、今日まで伝えられて来たということができよう。つまりこの人魚の刷物は、資料価値が高いといえるのである。

享和元（一八〇一）年に芸州（広島県）に落ちてきた異様な姿をした雷獣（八二ページ）も納められている。この雷獣は情報に多少の違いはあるものの描かれた記録が他にも残されているので、不気味な姿が相当インパクトを与え、描き継がれたのだろう。この絵巻では全体的に灰色の毛が生えていて顔は真っ赤に描かれている。明治一六（一八八三）年二月二三日の『朝日新聞』には巨大な蜘蛛の話が載っているが、こうしたもののイメージが重ね合わされてこの雷獣が出現したのだろうか。

悪魚（六六ページ）もまた他にも記録されていることから、よく知られた幻獣だったといえるが、それらの記録では人魚と記されているのに対してここでは悪魚と呼んでいるのが特徴だ。顔は人で体は魚なら人魚という呼称が普通だろうが、〝悪魚〟という新たな呼び方をしているのはこの人魚の悪行に視点を置いているからにほかならない。それは退治した側の論理でもある。

印旛沼の怪獣のように、為政者批判や諷刺の象徴として幻獣が使われるような場合もある。いっぽうで、言い伝えや不思議な出来事と結びつけて、意図的に神格化したり幻獣の価値を高めようとする行為もあろう。幻獣資料には客観的な記録とこうした恣意的記録が混在していることを再確認する必要がある。

客観的に幻獣を記録したのが八五ページの図だろう。これは文政六（一八二三）年に江戸の細川邸に落ちてきた幻獣で他にも記録されているが、ここでは「怪獣図」として、その幻獣の図が描かれ、「大如猫」という大きさ、目のように見えるがこれが耳であること、前足には爪が四つで後足も同様ということだけが注記されている。この幻獣に関する噂なども一切書かれていないので、幻獣そのものをみて、描き記録したようにさえ思える資料だ。もちろん、だからといって直に幻獣を目撃したということはできないが、悪魚の情報とは明らかに大きな違いをみせている。

図26

この絵巻にはあと二つの幻獣が収録されている。その一つが図26だ。口は小さく描かれているので嘴のような尖った形状のものは鼻のようだ。そうだとすると細川邸に落ちてきた幻獣を描いたものといえよう。「鼠色　大サ如猫」とだけあり、それ以外の文字情報は書かれていないが、大きさも細川邸の幻獣と一致する。しかし、八五ページの図と比較すると全く別の生き物としか思えない。さらに、この幻獣がどういったものなのかという基本的な情報さえも欠落している。伝えられていくうちに情報が抜け落ちてしまい、やがてたどり着いたスタイルなのかもしれないが、幻獣情報のなかにはこんな不確かなものもあるのだ。

もう一つは河童（図27）だ。三体描かれているが、右の二つは河童を正面と背面から描いている。そして

図27

左端の河童は別の種類だ。『水虎考』に描かれた図と酷似していることがわかる。『水虎考』と同じ図を収録した写本はいくつも伝えられ、この河童図もそうした写本から模写されたものなのだろう。しかし、文字は一切書かれていない。

こうして絵巻に登場する六種類の幻獣をみてみると、同じ幻獣の記録といっても多様であることが確認できる。恐らくは幻獣や珍獣に興味を持っている人によって集められたのだろうが、彼は描かれているものだけに注意を注ぎ、それがどのような意図で描かれたかといった視点は持っていなかったのだろう。それが収録された六種の幻獣の描かれた記録としての差異を際だたせているのだ。この絵巻はそうした意味での資料性からも着目すべきではないだろうか。すなわち、幻獣が描かれた絵巻といっても一括りにすることはできず、さまざまな視点からアプローチすることによってその資料性を高めることが可能なのである。

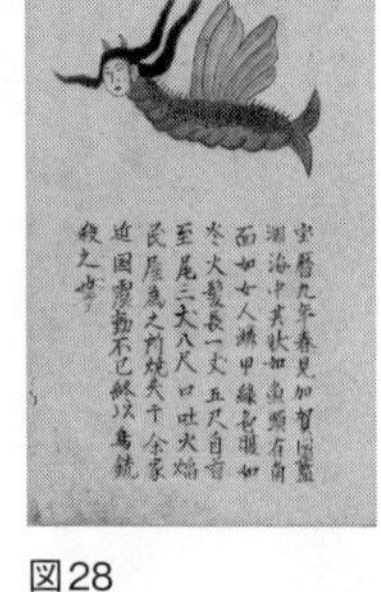
図28

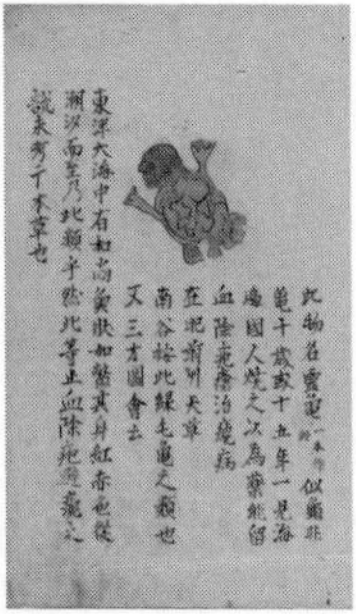

図29

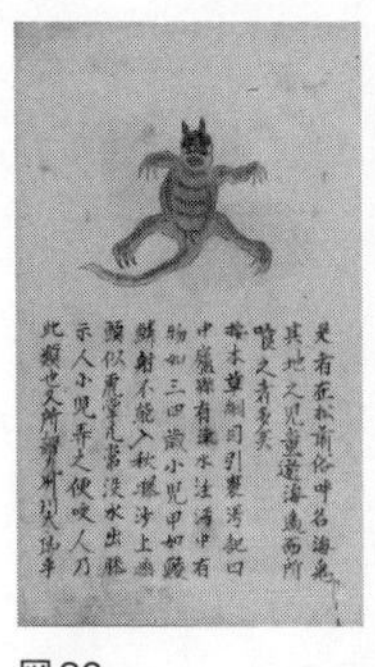
図30

文献の記録

散在する幻獣情報のなかで、幻獣だけを収録した文献が残っている。その代表格が、東北大学附属図書館狩野文庫に収蔵されている『姫国山海録（きこくせんがいろく）』だ。「姫国」とは日本のこと、「山海録」は中国の地理書『山海経』から採っている。『山海経』には、異国にいるという実際には見たこともない生き物を含めて収録している。こうしたことから日本における『山海経』とでもいう意味合いで『姫国山海録』と命名されたのだろう。序に「宝暦十二年夏五月書之」とあるところから一七六二年に書かれたと思われる。著者は南谷先生と呼ばれる人物のようだが、この人物については不明である。二五種類の幻獣や妖虫などが載っていて、北海道から九州まで日本全国にわたっている。

図28は、1章の人魚の項で紹介した越中国放生淵に出現した人魚（悪魚）と同じものであろうが、ここでは加賀国（石川県）藍淵に出現して火焔を吹き千軒もの家屋が焼失したと記されている。図29は一〇～一五

図31

図32

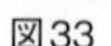
図33

年に一度、肥後国（熊本県）天草の海辺に現れる霊亀で、亀のようで亀ではないものと書かれている。これを焼いて食すると止血、疱瘡、瘧病などに効くとも記されている。この絵からすると体は亀だが顔は老人のようにみえる。図30は松前（北海道松前）の海岸に現れ、遊んでいる子どもを襲った海鬼といわれる幻獣だ。九州地方にいる川太郎の類かとも記されているが、長い尻尾や頭頂に立った耳があることなどから川太郎（河童）ともいえないような不思議な姿だ。口絵9は享保一一（一七二六）年に筑後国（福岡県）深沢村の平太夫という人の荘園の谷川で発見された雉を追いかけていた幻獣で、人に出会うと風のように早く走って岩窟のなかに入ってしまったという。一見するとカタツムリのような格好だが、そんな外見とは裏腹に、雉を追いかけたり、風のように走るというから驚嘆する。

　妖虫とでもいうべき不気味な虫たちも収録されている。図31は、信濃国（長野県）青沼にいた虫で、蛙に似ていたが人のように立ち、この虫が舐めたところは虫病というものになるという。赤い舌を出して立っている姿が描かれている。図32は下総国（千葉県）葛飾郡山岡村の永宝寺の境内の池にいた体長六尺九寸（約二メートル）もある虫だ。大きな三つの尾のようなものが描かれており、角もあるようだ。図33は山城国（京都府）鞍馬山の火打ち石を食べる虫で、五～六寸（約一五～一八センチメートル）とある。口絵10は相模国（神奈川県）鎌倉の建長寺の屋根で羽化した虫で、羽の長さが四尺五寸三分（約一・四メートル）もある巨大な蝶のような姿だ。

『姫国山海録』に出てくる生き物たちは、幻とも実在とも判断しかねるケースが少なくない。いわゆる幻獣よりも生き物としてのリアリティーを有しているように思える。妖怪といわれるなかに幻獣と思しきものが入り混じっているように、幻獣と実在の生き物とのはざまにも『姫国山海録』に収録されたようなケースが存在するのだ。それぞれがグレーゾーンを有しながら、妖怪から実在の生き物までが一本の線で結ばれているといった考えさえも可能となってくるのだ。

版本から明治の新聞へ

さて、江戸時代の幻獣世界は版本のなかでも展開されている。木版印刷により同じ情報を一度に大量に発信できるようになったことから、幻獣たちの情報は大きな広がりを持っていった。

人間とも猿ともつかない猿人や山男の話は、明治一六（一八八三）年四月二七日の『絵入朝野新聞』や同じ年の八月二三日の『東京絵入新聞』の記事を紹介したが、こうした話は江戸時代からいくつも伝えられている。

図34

図34は文化三（一八〇六）年に刊行された『諸国周遊奇談』巻之三に収録された豊前の「山男山女の事」という話の挿絵で、「山男大木を背負ふの図」とあり、険しい山道を人間に代わって大木を運び出す全身が毛で覆われた山男が描かれている。この話は豊前国（大分県）中津領の奥山で木を伐採して運び出す際に、馬や牛さえも通ることのできない場所からの運搬には山男を使ったというもので、山男は握り飯を貰う約束で大木を運ぶという。背の高さは六尺（約一・八メートル）から六尺四〜五寸（約一・九メートル）ほどで身には何もつけず、言葉は発しないが人間のいうことは理解でき、大木一本のときは握り飯一つ、二本のときは二つという具合であった。この約束を破ると大いに怒って大木を微塵にするほどで、再び約束に違（たが）うことをすると相手を半死半生にするほど怒るという。同じ山に山女も棲んでいたが、こちらは山男より少し小さくて身に木の皮を編んだのを纏っていたとのことだ。

こうした山男の話は文化九（一八一二）年刊の『北越奇談』巻之四の其十にも書かれている。この山男は高田藩の薪を賄うための山にいて、杣が山小屋にいたところに出現してしばらく焚き火にあたってから帰っていったという。赤髪、灰黒色の裸身で背丈は六尺、自らは喋らないが人語は解したという。図35はこの山男だ。

図35

　其十一にも山男の話が載っている。こちらは短いので全文紹介すると、「高田大工又兵衛弟某西山本に雇れ数日留りけるが、ある夜急げる私用ありてひとり山路を帰りしに岨道（そどう）の引回りたる所にて不慮大人に行逢たり、其形赤身にして長八尺ばかり髪肩にたれ目の光星のごとく、手に兎一ツを提げしずかに歩行来、大工驚て立止れば大人も驚たるさまにて立止りしがついに物もいはず路横ぎりて山に登り去りぬといへり、是抔（など）もかの山男なるべし」とある。こうした江戸時代からのいくつもの目撃情報のうえに、明治時代の山男情報も連なっているのだ。

　明治一七（一八八四）年九月五日の『東京日日新聞』には、山男の記事が出ている。これなども人間と何らかのコンタクトをとる一連の山男といえよう。

> 秋田県下南秋田郡新庄白山村といへる所に炭焼

図36

を業はひとする伝助と云ふ者ありしが去る八月中旬の事とか常に通ふ山中に例の如く炭を焼き居たるに遙の山奥より怪敷きものこそ出たりけれ。身の丈けは七尺ばかりにて手足の爪長く生出裸躰へ木の葉を垂て腰の巡りを覆ひ鬼か人かと怪しまる一個の男がノソリ〳〵と進み寄り何か物を云ふ体なれども更に解し難き上に伝助は充分に恐れをなしたれば焼たる炭を捨置き後をも見ずして逃帰りしが如何にしても炭を捨置ては活路に迫れば彼が来らぬ朝の間に炭を持帰らんと怖々ながら翌日早天に家を出で彼の山へ登りしに又も例の怪物が出来りて頻に手真似にて何事か示す体なりしが猿の生皮二枚投出して忽地山深く走り入たり。伝助は胸を撫下して皮と焼溜たる炭とを持帰り近隣の人々に咄せしに若者等は怪物を生捕らんとて次の日大勢にて登山なし山又山を尋ね巡りしが鬼一匹にも出合はず空敷帰村したる由なるが斯る事の深山には有るものにや真偽は保し難き咄にこそ。

このように江戸時代と同じような話が、明治時代の新聞に登場するケースは少なくない。

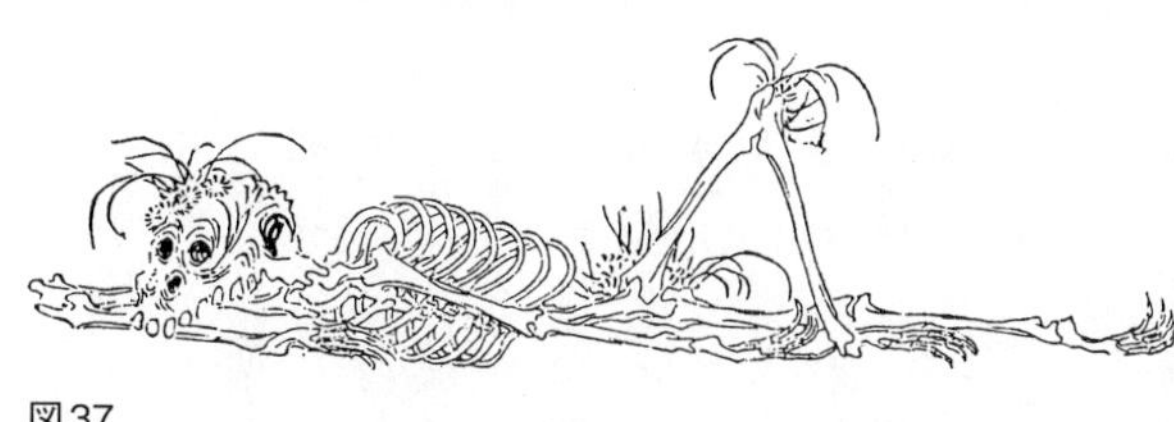

図37

図36は寛政一一（一七九九）年刊の『絵本黄昏草』巻之三に載っている「海中見巨棺」という話に描かれたものである。巨大な棺の中に横たわる巨人の骨を驚きながら眺めている様子がみてとれる。

「天文のころ日向国南浦のわたり大に旱(ひでり)して海上干がたとなること十里あまりにして大なる棺あり、長は三丈余りあり、浦人抔この棺をばわつてみれば大なる人のかばねなり、棺の上朱ぬりの文字あざやかに有、石碑あり文字摩滅してみえず浦人ども大にあやしがりてこれをくだきて沖のかたにすてけり、十日ばかりのち如竹翁なる人これを聞て奇なりとし、せめてその碑石を得まほしとて海人をして捜らせけれどもつひに求め得ざりしとぞ」と書かれている。

　こうした巨人発見は明治一二（一八七九）年六月一〇日の『朝日新聞』にも載っている（図37）。

　茲(ここ)に顕はす所の図は、先月中旬の頃高知県土佐国と愛媛県伊予国旧宇和島領の境目に亘りたる篠山の中に得たる怪大の獣骨なり。今其詳細と聞くに、同山は二州第一の峻嶺にて、山中に不入山(いらずやま)と綽名せる最も幽深の処ありて、往昔(わうせき)より此所に入るものあれば必らず妖怪の為めに身再び帰る事を得しものなしと云ひ伝へ、数百年来猟夫と雖ども一人も踏入るものなかりしが、近来人智開明せしゆゑにや往古ほどは恐怖ものなく、大胆なる猟夫は稀に立入事ありしに、先月中旬旧宇和島御庄郷の猟夫某は銃を携へて彼不入山に入り好獲物もがなと路深く辿りけるに、巍々たる懸崖には幽蘭叢を作し、陰森たる渓谷には白雲下に遮り、凄々寂々実に人間の景にあらずして、流石の猟夫も慄然身の毛もよだつ程なりしが、傍らに雲を衝く斗りの大樹ありて、其下に白く大く怪しき異形のものこそ見えたれ。猟夫は胆太くも何物ならんと進み寄り且見れば、人躰に斉しき大なる白骨なりけり。猶眼と定めて能々撿するに半ば落葉に埋れあれば是を穿ち去り全躰を顕せしに頭より足まで凡そ三間半、片腕の長さ六尺斗り、頭部の周囲一抱、口の横巾四尺余歯一枚凡四寸角程にて、牙なけれども四十八枚あり。又胴体骨の周り二抱余、指骨は手足とも各々四本づゝ、又骨の関節々々の凹は凡そ水一升余も容るべしと思はる。斯る奇異のものなれば猟夫は直ぐに我家へ馳帰り村中の人々に爾々と告けれども一人の信ずるものなく却て其妄談と笑ひければ、某は大に怒り左まで疑ふならば再び山に入て其証拠になるべきものを獲て来らんと直ぐ以前の所に到り何卒して頭骨を取り帰らんと之を動し見るに、重きこと十余貫目に過たれば、迚も一人の持帰らるべきにあらずと、遂に歯一枚を折り之を持帰り村人に示せしかば、皆々舌を巻き、某の大胆を恐れつつ之を郡長某氏の許に差出しければ又郡長より処分方を県庁へ伺中なる由。取出したる後は何れ諸々の博覧場へ廻さるる事になるべし。扨是は如何なる怪獣の骨とも判然らねど猿猴の部類ならんかといふ説もありと同地某氏の報知。

巨人伝説は、明治時代にも存在したのだ。

大蝦蟇も江戸時代から伝えられている定番だ。前にふれた『北越奇談』巻之四の其十四にはつぎのような話が収録されている。

> 村松の諸士河内谷の渓流に釣を垂るゝを其常なり、ゆへにその坐すべき岩憩ふべき木陰流のよどみなんどあれば各坐をもふくる術をなし居れり、一日藤田某いつも岩頭に至て釣すれども昼過る頃まで魚一ッも不得ゆへに方便を替川の浅瀬をわたり遙なる水上にのぼりて其よろしき所をたづぬるに山陰深く淵に臨でなめらかに疣（いぼ）立たる岩一ッあり、凡（およそ）畳三帖ばかりも敷へし、即其上に坐して釣を垂るゝに又一人の士川向ひの岸に来りて釣をたる、やゝ久しくして川向ひの士急に釣竿をおさめこなたの方に向ひ密に手まねきして早く帰んことをゆびさし教てものをも言ずあわてふためき川下へ逃去りぬ、藤田氏も何か心淋しくなりて岸にあがり元の道を帰り浅瀬をわたり其人に走り付て何事の候也と問、彼士大息つきて扨貴公は不知哉即公の坐したる岩忽両眼を開大なる口少しあけてあくびをするさまにて又眼を閉たり、其眼中赤事火の如く光て恐しなど言ばかりなし是必蝮蛇ならんとて逃帰りぬ、其後朋友相伴て其所に行て見しかどもかの岩とおぼしきものなしといへり是も山中大蝦蟇なるべきか。

想像を絶するような蛇に関する目撃も多く記録されている。図38は『絵本黄昏草』巻之一に収録された「龍野の蝮蛇」だ。蝮蛇の腹のなかから出てくる武士の姿が描かれているが、これは蝮蛇に呑み込まれた人の話を記したものである。

図38

播州龍野わたりに住める浪士つねに酒をたしなみて醒たる時なし、友たちの家に行て大に酔ひて帰るにいたし苦しければ知らぬ岡に打臥てうまく寝入たり、夜ふけ酒さめてあたりをさぐるに身袋などの中につつまれたるやうにて、なまくさきこと甚だし、手をもてさぐりみるに温にして肉のごとし、心つきて腰をたぐれば刀あり嬉しとおもひつ引ぬきてとかくして一処をきりあけて身をかがめて這出れば大なる蝮蛇なりければはじめておどろき胆つぶれ目くらめきて倒れたり、明の朝下部共主をたずねてここに至りてみれば大なるうはばみ腹をさかれて死したるかたはらに浪士の血に染て倒れ居たり、負て家に帰りて医薬をくわへやう〳〵に死をまぬがれたり……。

また、『諸国周遊奇談』巻之五には「八頭蛇住杜林の事」と題された八つの頭を持つ蛇の話が載っている。その冒頭は、「此八頭蛇は岩見国邑知郡出羽組岩屋村に百姓勘三郎といふ者あり、予此あたりを遊歴の折から此村に五三日たふりうして右勘三郎にくはしく此よしを尋るに……」とあり、著者が八頭蛇の目撃者から聞いた話を書いている。それによると字八つ面という畑で農作業をしていたところ図39のような八頭の蛇が出現して慌てて家に逃げ帰ったということである。近くには八面の森と呼ばれるところがあり、誰も近づかないが、ここに八頭の蛇が棲んでいるとのことだ。

図39

江戸時代には怪奇談を集め、「百物語」と題した版本が種々刊行されているが、そこにも蛇は登場する。図40は宝永四（一七〇七）年に刊行された『古今百物語』に収録されている話で、駿河国の川を渡ろうとし

図40

ていた者が巨大な毒蛇に呑み込まれてしまい、その仇を討とうと犠牲になった者の子供が天に祈ると雷と大雨が起こり、その翌日に毒蛇が川岸にうちあげられていたというものである。

図41

また、『大蛇御済度縁起』といった因縁話を記した版本にも取りあげられている。この版本は常陸国新治郡大増村の板處山御坊正行寺の縁起を記したもので、生前に嫉妬の念の強かった女が蛇道に落ちてしまい、それを救うという話が挿絵（図41）とともに語られている。版本は版元が刊行するケースが一般的だが、こうした縁起などを寺のために刷って広めたという場合もあり、そんななかにも幻獣は登場しているのである。

こうした江戸時代の版本をみていくと全国各地の幻獣情報にめぐりあえる。版本は幻獣を広く伝えるのに大きな役割を果たしているといえよう。こうした幻獣情報の伝達はやがて明治時代の新聞へと引き継がれる。それは単に伝達手段として版本から新聞にバトンタッチされたのではなく、そこに登場する幻獣たちの姿形といったものさえも受け継いでいるのである。

幻獣のデザイン

根付と半纏

この章の最後に意匠としても取り入れられた幻獣を紹介しよう。もっともポピュラーなものが根付で、鬼、河童、天狗などは多種多様なデザインがあり、小さななかにユニークな幻獣世界を展開している。また、小柄やキセルといった身近な持ち物にも幻獣は登場している。根付は印籠などを帯に挟んで持ち歩くときに落ちないようにするためのものだが、ここに幻獣が登場するのは意匠からだけではなく、鬼で災いを寄せ付けなかったり、白沢で幸福を呼び込むというように、お守り的要素もあったと思われる。

いっぽうで、キセルやカマス締め金具などは意表をつくデザインとして、遊び心でつくられたといえよう。意外性という点からすると、火消半纏なども幻獣が登場するフィールドだ。図42は九尾狐がデザインされている。暗雲たちこめた稲光のなかに出現した九尾狐は口から火を噴き、こちらへと向かってくる。こんな半纏を着ていたら誰もがびっくりするに違いないが、そのあたりを狙ってこうしたデザインがなされたのだろう。

図42

口絵12は鵺をデザインした火消半纏である。鵺は顔は猿、体は狸、足は虎、尻尾は蛇という幻獣で、弓の

図43

名人・源頼政の鵺退治の伝説があるが、ここには矢もデザインされており、まさにその鵺退治を描いたものであろう。表には○のなかに「鵺」とあり、火消しに出動したときは「鵺」という文字だけを見せておき、消火後には半纏を裏返して着て鵺の姿を見せるといった趣向だろう。幻獣を上手に使ってインパクトを与える興味深い事例だ。

ところで、図43は鳥山石燕の『今昔画図続百鬼』に収録されている鵼だ。鵼は鵺とも書くがここでは「鵼」を用いているようだ。解説には「鵼は深山にすめる化鳥なり。源三位頼政、頭は猿、手足は虎、尾はくちなはのごとき異物を射おとせしに、なく声の鵼に似たればとて、ぬえと名づけしならん」とあり、空に飛び跳ねる鵼の無気味な姿が描かれている。

また、図44は貞享三（一六八六）年刊の『古今百物語評判』巻之四に収録されている鵺で、弓で鵺を狙う姿が描かれており、つぎのような解説がつけられている。

又いはく、「鵺といふ物は深山幽谷にすめる化鳥なり。源三位頼政、あし手は虎のごとき獣のとび来たりしを射て、後また誠の鵺を射し事平家物語に見えたり。又広有が怪鳥を射し事太平記にあり、徒然草に鵺のなく時、招魂の法を行ふ事、真言宗の書にみえたるよしを云へり。いかさまにも妖怪をなすものならし。かやうのあやしきたぐひ、多は蟇目のおとに恐れ、又しとむるものなからず弓箭のわざなるは、古老の説に、凡そもろもろの器は聖人の手より始まるとは申せども、大やうは其形変じさまかはりて、觚も觚ならずのたぐひなるに、この弓ばかり猶いにしへの製法にたがはず、聖人の作為のまゝなる故、鵺にかぎらず狐狸豺狼のるいまで、此音を恐るゝと見えたり」と申されき。

図44

鵺がよく知られた幻獣で、鵺のイメージがパターン化していたことがわかる。

新たなデザイン

ここで図45をみていただきたい。頭上から襲いかかろうとしている獰猛そうな獣が描かれている。一見すると鵺と似通っているような姿をしている。この刷物は「流行虎列刺病予防の心得」とあるように、コレラを予防するための種々の注意事項を書き綴ったものなのだ。その説明にはこの獣につい

図45

ては一切触れられていない。ただ、この獣の下で人々がコレラに苦しんでいる様子がみてとれる。ではこの獣はいかなるものなのだろうか。

明治一〇（一八七七）年九月二一日の『かなよみ』には、「此虎狼狸獣の図は世にある可き物の形象では有ませんが、皆さんが此図を看ても怖ろしい暴病だと肝に銘じお忘れのない為に掲ました。呉ゝも予防法に意を注て取付かれぬやう身の用心さつしやり魔性。此戯画は社友の漫筆に出たるを刻して流行病の目標とす」という記事が載っている。

　そして図46のような怖ろしげな獣が紹介されている。記事からするとこの獣は虎狼狸獣というものであることがわかる。コレラは「コロリ」とも呼ばれていたが、ここではそれにあやかって「虎狼狸」と書いて「コロリ」と読ませ、狼の顔で体が狸、虎のような模様がある幻獣を作り上げて「虎狼狸獣」としているのだ。

　図45も描かれた幻獣の説明は省いているが、この虎狼狸に間違いなく、コレラの流行が新しい幻獣を生み出していったということだろう。しかし、そこには鵺のイメージが強く投影されているように思える。こうしてみると古くから伝えられて来た幻獣が何かのきっかけで新たな幻獣を生み出す大きな力となっていることがわかる。これも幻獣の広がりという視点から注目しておく必要がある側面といえよう。

図46

海外への波及

　日本の幻獣は意外なかたちでも海を渡った。その一例が明治時代の日本の主要輸出品の一つであったマッチである。フランスに留学していた清水誠が、マッチといったものまでも輸入に頼っている日本の現状を憂え、帰国後マッチ製造を開始する。彼の努力の甲斐あって、明治一三（一八八〇）年夏までには輸入マッチが皆無となるほどまでにマッチ産業は発展していき、やがて一大輸出品となって外貨獲得に大いに貢献した。そしてマッチラベルにもさまざまなデザインが登場、明治中期にはマッチラベルのコレクターが少なからずいたほどだった。こうしたマッチラベルにも幻獣が描かれたのである。

図47

図47は九尾狐である。上部に「安全マッチ」下部に日本製であることが英語で記されており、日本語記述は全くみられないので、このラベルは輸出用マッチに貼られたものだろう。このマッチを手にした外国の人たちは、そこに描かれた幻獣はどのような言い伝えを有しているのかといったことなどは全く知らなかったに違いない。しかし九本もの尾を持った狐が飛び跳ねている姿には興味を抱いたことだろう。日本における人魚伝説を知らなくとも、そのミイラの異様さに好奇の目を注いだと同じ心情を一枚の小さなマッチラベルが欧米人に起こさせていたかもしれないのだ。

図48も輸出用マッチのラベルだが、ここには西洋の幻獣が描かれている。これも外国の消費者の目をひく趣向だったのだろう。また、図49は国内用のマッチラベルだが、ここでも羽の生えた鹿の幻獣が登場している。ここで紹介した三枚のラベルはいずれも異なる生産者であるので、幻獣デザインは特定の業者が使っていたのではなく、一般的にマッチラベルの意匠として用いられていたのだろう。それが海外への輸出用にも及んでいるのだ。

人魚のミイラなどと違って、幻獣そのものを輸出の目的としているわけではない。だが、マッチといえば喫煙だけでなく、どこの家庭でも毎日使う必需品だったことからすると、皮肉なことにミイラなどよりも広く深く日本の幻獣を印象づける役割を果たしていたのかもしれないのだ。

図48

図49

ところで、七一ページでとりあげた人魚のミイラの絵葉書だが、説明にはただ「人魚ミイラ　宝物」とだけ書かれていた。また、一〇八ページの件（くだん）のミイラの絵葉書には、上海で生まれたということだけの説明しかない。怪物館における絵葉書販売はお土産としての側面もあるが、これらのケースでは幻獣がどこにあるものかなどは関係なく、ただ珍奇な絵葉書として出されているのである。そこからは実物を見せるということさえ省かれたビジュアル情報だけの幻獣世界がある。しかし、絵葉書が出されたということはこうした需要があったからにほかならない。そこには不思議な生き物に対する素朴な興味が息づいていたということだろう。幻獣はそれくらいにインパクトのあるものなのだ。だからこそ、信仰や迷信とは無関係でも人の心をとらえる力を有しているのだ。

こうした、信仰や迷信とは無関係に幻獣をとらえるという行為は、未確認生物への眼差しとも共通しているといえよう。江戸時代に記録されたさまざまな幻獣にも当時の人々の思いが込められている。そのなかには雷のときに落ちてきた雷獣の大きさや特徴だけを記しているようなケースも少なくない。そこには信仰などはなく、未知の生き物に対する興味だけがあるように思われる。

幻獣は異界からやってきた生き物だが、その幅はきわめて広く、妖怪に近い存在から未確認生物との接点を持つものまで、妖怪や未確認生物との境界には大きなグレーゾーンが広がり、国境線のようなものは存在しないのである。そして、そのグレーゾーンの検証こそが〝幻獣〟を浮き彫りにすることになるのではないだろうか。そこからみえてくる幻獣の姿は時代の投影にほかならないのである。

4章　幻獣の背景

本来はこの世に存在しないはずの幻の生き物――彼らがどうして生まれ、広く人々のあいだで受け継がれてきたのだろうか。その現れ方は物語であったり、絵であったり、ミイラなどの造形物であったりと多様だが、それらを作り出した行為の裏には父祖たちの幻獣に対する思いが込められているはずである。こうした〝幻獣遺産〟を探ることは父祖たちの声に耳をそばだてることでもあり、そこから幻獣たちが跋扈(ばっこ)した時代背景や社会背景にもアプローチできると思われる。そうした視点から幻獣たちに迫ってみることとしたい。

予言獣の創造

湯沢の天日子

すでに紹介したように、幻獣のなかには予言獣といわれるものがいる。人とコンタクトをとって予言を伝え、除災方法も伝授するという有り難い幻獣である。彼らのほとんどは豊凶と疫病流行を予言し、疫病から逃れる手段を伝えるというスタイルだ。豊凶と疫病は自分の生命の危機であるとともに、自らが所属する共同体の存続にも関わる問題で、もっとも根幹的関心事でもある。こうした背景から予言獣たちの予言も豊凶と疫病というパターンが定着していったのであろう。

人々は予言獣の教えに従って行動を起こす。それも、一人二人の軽挙妄動ではなく、地域全体が予言獣の指示を忠実に実践するようなケースもある。それはすでに社会現象といっても過言でない状況であり、予言獣の大きな影響力をみることができるが、それはまさしく根幹的関心を背景にしているからにほかならない。

予言獣の伝授する除災法は自分（予言獣）の姿を写して貼り置いたり、朝夕みるようにしろというもので、多少の違いはあってもこれが共通したスタイルといってよい。この除災法を伝授されるのはたった一人の人物なのだ。幻獣はその人物に除災法を皆に伝えるように指示して姿を消す。そして、その指示によって、人々は幻獣の姿を描き写し、人から人へと描き継がれて地域全体に幻獣の姿が出現するといった状況も生じてくるといえよう。

現代において、疫病予防に幻獣の姿を写すようにとのお告げがあったとしても、それを信じて実行する人はまずいないであろう。今日においては予言獣の除災法は迷信と一蹴されるのがおちだが、医学が発達していなかった時代にあっては、予言獣の除災法の伝授は今からは想像できないほどの重みを持っていたのだ。

ところで、描かれた予言獣の資料には大別して肉筆と木版刷りが存在するが、これらはどのようなことを意味しているのだろうか。当然のことながら、木版刷りは同じものを同時に多数制作し、大量頒布することが可能であり、一点一点描く肉筆とは大きな違いがある。

その典型的な事例が、明治八（一八七五）年の『東京日日新聞』に掲載された記事（一一七ページ）である。この冒頭に、「去る五日に、或る人が越後のくに湯沢駅を通つて見ますと、家ごとに斯な図を紙に画て入口の辺に貼り付けてあるから……」との一文がある。ここにいう「斯な図」とは一一八ページの図のことだが、これが家ごとに貼ってあったのだ。この図には大きな特徴がある。天日子尊だけでなく、天日子尊が描かれている紙をも描いていることだ。門口に貼っていたものなどは時が経つと失われてしまい、後世までのこることはほとんどないなかで、新聞によって記録されたこの図はきわめて貴重である。これこそが、湯沢の住民たちが描いた天日子尊の造形なのだ。

上部には「天日子尊」とのみ書かれ、その下に大きく天日子が描かれているが、この図は輪郭だけを描いたもので、絵心のある人物でなくとも描くことが可能と思える。また、ここには予言や除災法が記されているわけでもない。天日子は自分の姿を写して貼るようにとだけ伝授しているのであり、住民たちにとっては天日子出現の詳細を文章にしてわざわざ添える必要はないのだ。この図は文字に疎い人でも、誰かが描いた天日子を真似して簡単につくれるもので、軒ごとに貼ってあるのもそうしたことから可能となったのであろう。各家でそれぞれ祈りを込めながら一生懸命に天日子を描いて門口に張った結果、湯沢宿駅近辺が天日子だらけに至ったのだ。

住民が天日子を描くきっかけとなったのは侍の風体をした人物が、田の中で天日子からお告げを聞いたことからだ。この人物が記事にいう「坊主か山伏」である可能性はあるが、天日子の刷物を配って一儲けを企んだような状況は見うけられない。いずれにしても住民が噂をもとに連鎖反応のようにつぎつぎとアマビコを描くということの事例は、アマビコ信仰の原型ということができよう。

幻獣商法

いっぽう、刷物としてアマビコを量産して売りさばくという事例もある。これは信仰や迷信を利用した商売なのだ。その象徴的事例が先に紹介した明治一五（一八八二）年の『郵便報知新聞』の記事にある「安政五年初めて江戸にコロリと称する悪疫流行の際、何者かが此画像を印刷して声高に市街を呼歩き多くの利を得し……」という一文だ。この印刷物はどのようなものだったかについても記事は触れている、「半紙四切ほどの摺物を見ると、下には猿に似たる三本足の怪獣を描き、其上に平仮名を以て……」という部分だ。この印刷物は安政五（一八五八）年当時出回ったものと「文言の一字も相違せぬ」ものだったともある。

こうした内容から、コレラ騒動に乗じて利にさとい者がアマビコの刷物を大量につくり、市中を売り歩いて大儲けをしたことがみてとれる。ここでは、湯沢でのようにリアルな噂によってアマビコを描いたというケースとは違う。アマビコの存在さえも知らない人が少なからずいたであろう江戸市中において、「多くの利を得」るほど売れたのは、まさにコレラの流行に不安を募らせる人々の心の隙に入り込んだからにほかならない。何かにすがりたいという気持ちを上手く利用したのだ。

そして、多くの人に売るために一つの工夫を凝らした。それがアマビコ図の上の長々とその由来を記した文章だろう。これはアマビコとは何ぞやを知らしめるための手段なのだ。この説明書きがなければ、刷物はなかなか納得して買ってもらえなかったに違いない。本来ならば、アマビコの姿形は除災に関してもっとも重要な要素なのだが、この刷物を買い求めた人たちにとって、目の前の刷物の情報でのみ知った「猿に似たる三本足の怪獣」が、アマビコなのだ。アマビコが本当は図のような姿なのかどうかわからないのだが、そんなことは気にも留めていない。

さらに、刷物には「我等の姿をかきしるすものは病気にあはず」と書かれているように、本来的には湯沢同様、自分で描き写すことによって得られる除災なのだ。しかし、刷物を買い求めた人はそんな矛盾さえも感じずにいたのだろう。

この刷物を売り歩いた人物が、全くのでたらめをでっちあげていたかというと、そうではない。アマビコ図の上に書かれた説明文は一連のアマビコ情報と合致しており、この人物がどこからか情報を得ていたことは明らかである。いわば、その情報をヒントに刷物をつくったといえよう。では、彼はいかにしてアマビコ情報を知ったのだろうか。口絵7が情報の伝播に関して、一つの示唆を与えてくれているように思える。詳細にみていると、興味深い事実がわかる。上にアマビコの説明、下にアマビコ像を描いているといった点では、口絵7は安政五年に流布された刷物と同じスタイルといってよいだろう。この肉筆は書き慣れた字で説明文が書かれていることや、そもそも説明文がくどくどと書かれているといったことから、湯沢の天日子のように住民が自分でつくったものとは思われない。

また、この図の解説文の一部に紙を貼って書き直した箇所が認められる。「諸国に流行病多し」のつぎの文章は「人間六分通り死申候」とあり、さらに改行して「然れども我が姿……」と続く。その「人間」の部分が書き損じたらしく紙が貼られ、その下に「然れども」

と書かれていることがみてとれる。「然れども」は「人間六分……」のつぎの行の冒頭部分にあたる。おそらくは一行飛ばして転写してしまったことに気がついて訂正したということだろう。すなわち、この図は明らかに何かから転写しているのだ。肉筆による情報の伝達が継続されており、その情報をもとに時に刷物による量産が行われたということなのだろう。それは例えば芸州（広島県）に落ちてきた不気味な姿の雷獣の情報が、肉筆や書籍によってつぎつぎに伝えられていったことと同じといえよう。大きな違いはアマビコは予言と除災の幻獣ということから、社会不安があるときなどは刷物として利用するのに最適だということだ。

刷物について

除災の幻獣の場合、安政五年のコレラ騒動時のアマビコの刷物は市中で売り歩いていたとある。すなわち店頭で売られたわけではなく、人通りの多い場所などで行き交う人たちを相手に販売していたものだ。これを裏付けるものとして、一三二ページの豊年亀の刷物が挙げられよう。熊野浦で生捕りにされた体は亀で顔は人間という豊年亀は、悪病除けのお守りとして売られていたのだが、これを買い求めた人物が、「天保十卯七月十四日夜市中ニ鬻（ひさぐ）之」と墨で書き入れをしていることがわかる。書き入れからこの刷物は夜の市中で売られていたようだ。おそらくは祭りなどで人が賑わう場所での路上販売だったのだろう。

一三八ページの緑鳥の刷物にも、書き入れが二箇所ほどのこされている。右下には墨でこの緑鳥が長堀の平野屋の納屋にいたということなどが書かれているが、これは「此度長ほり東堀辺にて噂の高い名鳥壱疋」という記述を補うために、購入者が覚えに記したものであろう。いっぽう、左端にも朱で書き込みがあるが、そこには、「大阪泉ヤ卯作ヨリ求之」とある。このことからこの刷物は路上で販売されていたものではなく、店で売られていたことがわかる。実際に緑鳥には淡彩だが色が施されていて、二色刷であることがみてとれ、刷りも豊年亀にくらべ格段によいことが一見して明らかである。緑鳥の絵図を家中に貼っておけば火難などを免れることができるとあるように、この刷物も除災のお守りとしてつくられていたのだ。

さらに、一〇五ページの図は多色刷の本格的錦絵で絵師の名前や極印などもある。その内容は雲州（島根県）で件（くだん）が生まれ、悪病の流行を予言したことを伝えているが、悪病を除けるために、「其図を形に出すものなり、必銘々に求め給ひて家の内に張置厄病の難を除き給へといふ」なる説明をしている。すなわち、購入をうながしているのである。安政五年のコレラ騒動でのケースでは、「我等の姿をかきしるすものは病気にあはず」という一文があり、描き写すという本来の除災法の痕跡を留めているが、これには記されず、必ず銘々に購入しないとだめなのだ。購入したものを転写することをも否定している。

これはもう完全に商業ベースでの制作で、錦絵として売れるための文章であり、必ず銘々に購入するといっているのは、除災の効能からみちびきだされた文言ではない。そう理由づけることによって、件の刷物を多く売りたいだけなのだ。ここに予言と除災の幻獣の大きな変質をみることができるのである。

販売のテクニック

こうした変質は、内容についてもいえる。明治一四（一八八一）年一〇月二〇日の『東京曙新聞』につぎのような記事が出ている。

葛西金町の豪農坂倉某方へ一両日前三人連の男が怪しき図をかきしを数枚携へいたりて「こは天保年間西海の沖に毎夜光りと発せし異形の怪物現はれ『我は海中に住みて天部の諸神に仕ゆる天彦と申すものなり。今より三十余年の後ち世界消滅する期にいたり人種悉く天災に罹りて尽ることあらん。其時我が像を写して軒毎に張り置かば天災却て安楽長久の基ゐとならむ。努々疑ふことなかれ』と誓ふて形ちは失せたり。此事今回噂さ高き来る十一月には世界一変するといふ説に符合すれば彼の天彦の御影を写し全国一般へ頒布せんと思へど毎戸持廻りてはいたづらに日を費やすことなれば当村は貴家にて引受け村中の者へ此由を伝へ分与せられたし。但し一枚五銭の定価なり何百枚渡しなば村中の戸数に適当するや」と語りければ、坂倉は「かかることは郡役所へ出て願はるるか又た戸長の宅も近ければそれへ協議の上宜しく取引あるべし」といふに「イヤ目下の郡長戸長等は兎角開化めかしてかやうなことは悟らず、妄説抔といひ破る者多ければ由緒正しき貴家へ依頼するなり」只管云ひ張りて去らざれば持あまして僅かに七八枚を買ひうけ逐ひ帰せしとぞ。此でんにて欺き歩行(ある)くはここのみに限らず府下近村にていくらもありとのこと早く駆除したきものなり。

この記事で目をひくのは、天保年間に西海に出現したアマビコが三十余年後の世界消滅を予言したという個所である。アマビコに限らず、予言獣の予言は豊凶と病気の流行というパターンがあり、それからするとこの予言は異色である。しかし、この予言が本当に天保年間のアマビコのものかは疑わしい。記事のなかに「世界消滅する期にいたり人種悉く……」なる一文があるが「世界消滅」「人種」などは多分に近代的臭いのする表現で、豊凶や疫病に切実な不安を抱いていた江戸時代の人々の心情とは乖離しているように思える。この記事が出された時期は世界消滅の噂が広がり、多くの人がその話題で持ちきりだった事実がある。記事中に「此事今回噂さ高き来る十一月には世界一変するといふ説」と書かれているのもこうした世相を指しているのだ。これらの事実からすると、リアルタイムで起こっている不安をアマビコの予言だとでっちあげて売り歩いていたと考えられる。予言の内容が変質していく見本のような事例といえよう。

予言獣の予言に「豊作」のケースと「凶作」のケースが存在するのも世界消滅の予言と同様に、そのときの状況に合わせて使い分けていたのかもしれない。旱(ひでり)が続いていれば凶作を恐れ、天候が順調ならば豊作は予測できるのだ。しかし、疫病はどんなときにもやって来るもので、凶作ならば更なる災難に怯え、豊作だとしても疫病の不安は拭うことができない。

豊凶についての自分たちの予測と予言獣の豊凶の予測が一致するので、疫病の予言についても信じてしまうという心理が働くのではないだろうか。そのあたりを上手く突いているのが予言獣たちなのだ。

幻獣のニュース

単なるニュース性だけの刷物も存在する。弘化三（一八四六）年四月中旬とある「アマビエ」の瓦版（一〇九ページ）も短い文章で、「役人より江戸へ申来る写也」と結んでおり、不安を掻き立てて刷物を売りつけるといった性格よりも、ニュースとして取りあげた観が強い。

一四一ページの豊年魚もこうしたスタイルの発展したものだろう。豊年魚が淀川に出現したことを報じ、豊年魚の由来について記してはいるものの、除災などを押しつける表現ではなく、単に珍しい幻獣を話題として扱っただけなのだ。

このほかにも、記録として留めておくために描かれたケースが存在した。予言と除災の幻獣が描かれた背景も決して一様ではない。さまざまな要素が入り込んでいるのだ。同じ時代に同じ幻獣を描いていても、何のために描いたかによってその幻獣は信仰の対象にもなるし、ニュースの素材にも、商業ベースの製品にも成りうるのだ。そうしたものが同時代に混じり合ったかたちで人々のなかに入り込んでいるのであり、その一つ一つが当時の人々の営為の結晶なのである。それはまさしく幻獣がどのように人々と交わって来たかの表れでもあるといってよいだろう。

諷刺としての幻獣

印旛沼に出現した幻獣

時代は新しい幻獣をもつくり出していった。口絵11は天保一四（一八四三）年に印旛沼に出現した幻獣である。この真っ黒な幻獣は一丈六尺（約四・八メートル）、顔回り一丈（約三メートル）、爪の長さ一尺（約三〇センチメートル）、手の長さ六尺（約一・八メートル）、目の大きさ四斗（約七二リットル入り）樽、口の大きさ五尺（約一・五メートル）、鼻は低く猿のような顔つきだったとの特徴も記されている。こんな幻獣が印旛沼と利根川との水路工事をしていた者たちの前に突然現れた。印旛沼近くの弁天山近辺にある底なし沼から濁水が噴き上げてきたので監視していたところ、突然に大風、大雨、大嵐となって幻獣が出現し、雷のような大きな音をたてると、見回りの役人ら一三人が即死してしまったのだ。

この幻獣はアザラシなどの海獣だったのではないかともいわれている。悪魚のモデルがリュウグウノツカイだったという説と同様に、当時の人々がみたこともない動物を奇怪な生き物に仕立て上げたという可能性はある。しかし、それが水路工事中の印旛沼に出現して多くの役人を即死させたという話は、単純にアザラシ発見の記録とは異なる意味が含まれていると思われる。

何かの出来事や諷刺を、妖怪というキャラクターで表現することは散見される。歌川国芳の「源頼光公館土蜘作妖怪図」に描かれた妖怪たちは、天保改革によって苦しめられた者たちを表現しており、水野忠邦をはじめとする為政者たちを諷刺しているといわれる。幻獣にも同じようなケースがあったのではないだろうか。

印旛沼の幻獣も為政者に対する批判としてとらえることができるのだ。印旛沼の幻獣出現と一三人即死の顚末は掘割工事を仰せつけられた黒田甲斐守家来・山田忠左衛門が天保一四（一八四三）年閏九月二日に御勘定所に提出した報告書の形式をとっている。この報告書の最後には大きな文字で、図1の九文字が書かれている。これは、「越前守」「以前恨」「門前騒」「目前来」という読みが可能で、実際の報告書に書かれるものではない。では、どうしてこうした文字が書かれたのかというと、この文書は水野忠邦批判と考えられるのである。越前守は水野忠邦のことであり、「以前恨」「門前騒」といった不穏な状況が目前に来ているといった意味に解釈することが可能なのだ。

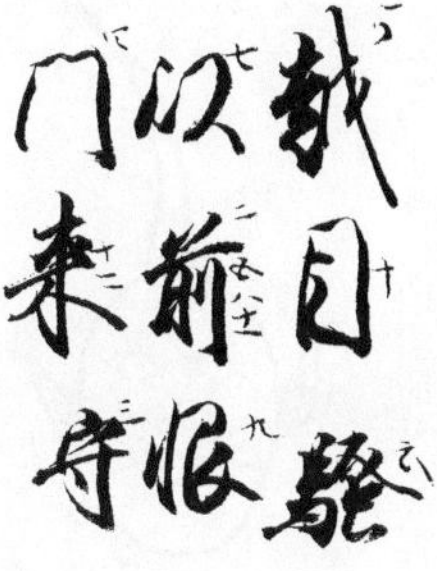

図1

印旛沼の干拓事業は幕府の一大プロジェクトとして行われたものの、諸大名などへの負担は莫大で、水野への批判は高まっていった。こうした背景のなかで、この文書は印旛沼の幻獣出現をとらえ、沼の主も沼が荒らされることに怒っているとし、それは水野が推進する印旛沼干拓事業を批判するものだったと思われる。この幻獣は印旛沼の掘割、干拓事業に関する世評を集めた『密説風聞書』にも収録されていて、幻獣の噂が広がっていたと思われるが、そこには大きな政治的背景が横たわっていたと考えられるのである。

図2

天保山の奇魚

このように政治情勢と結びついた幻獣は、明治時代の新聞にもみられる。図2は明治二七（一八九四）年八月二三日の『都新聞』に掲載された、大阪の天保山沖合で捕獲した奇魚である。何とも奇妙な姿で、人間の顔のように見えるが、尖った背びれ状のものは辮髪（べんぱつ）のようでもある。

去る十七日大坂西成郡野田村三百十六番屋敷の漁夫中村久吉が天保山の沖合に於て捕獲したる奇魚は図の如く形は楕円形にして色は淡黄に黒色を帯び鱗はなく頭部に長き尾ありて恰（あたか）も慈姑（くわい）に目鼻を付けし如く又辮髪奴の首の如くにて其丈六寸、横五寸余。同人は永の年月漁夫をして居れど斯る魚は未だ見し事も聞きし事もなければ何と云ふ魚にやと云ひ居りしに或人は見て豚尾魚と名を付けたるよし。時節柄面白し〳〵捕獲者中村久吉は同村字草場にて衆人の一覧に供せんと一昨々朝現物を携へ同地曾根崎警察署へ出願して許可を得たりと。我国には平家の西海に沈みて蟹と化したる例もあり豚尾漢も豊島

で撃沈められた一念で此奇魚に化せしものか。過日の暴雨で支那の旗印たる竜の流れし
と今又この首を得、是れ帝国大勝の前兆豈愉快ならずや。

時は日清戦争中であり、国を挙げて中国と戦っていたときにこの奇魚が捕獲されたのである。ここから清国人の特徴である辮髪姿をこの奇魚の特徴としたものといえよう。そこには印旛沼幻獣のケースと相通じる背景を窺うことができるのである。

ミイラの伝承

奉納されたミイラ

幻獣はこうした描かれた記録とともに、立体物としても伝えられている。ミイラはその代表格だ。現存するものだけでも鬼、人魚、雷獣、龍、河童、天狗など、さまざまな種類がある。これらは何のためにつくられたのだろうか。それを知るうえで幻獣のミイラの多くは寺社に所蔵されていることは注目に値する。三四ページの河童の手のミイラは熊本県天草郡の志岐八幡宮に伝わるが、現在でも夏越しの祓え祭で子どもの頭をなでて疫病除けが行われている。

また、福岡県の北野天満宮にも河童の手のミイラが蔵されているが、これは道真を救おうとした河童が敵に切り落とされたものという。また、生前に殺生を好んだために、人魚と化

図3

したといわれる人魚のミイラが伝わっているケースもある。それは河童や人魚といった幻獣が寺社に納められるためにつくられたことを意味している。

もう一つミイラが多くみられたのは、見世物としてであった。三六ページの『長髪姿蛇柳』には見世物小屋の賑わいが描かれていた。左下には人魚の看板がみえ、右上には河童や龍が看板に描かれているのがわかる。さらに、「ちんぶつの見世物」（図3）には人魚などが描かれている。こうした幻獣の見世物は明治時代になっても盛んだった。明治二三（一八九〇）年五月二八日の『東京朝日新聞』には見世物興行の鬼の首騒動が載っている。

先ごろより諸所で見せ物にした鬼

の首と腕とは牛込神楽町二丁目の守田何某といふが昨年中宮崎県日向臼杵郡御門村なる安田忠七より金二百五十円にて譲り受け当金二百円を渡して現物を引取りさし詰東京に見せ物興行を企だてしに、何が偖物見高い処ろ柄日々大入を占め目的通りの収入もありしが此の程守田の雇人等は右の首と腕とを担いで千葉県下へ興行に出かけしが最早二ヶ月余りもたてど一向に音沙汰もなく頻りに気をもんで居る処ろへ此ほどまた元方よりは残金五十円の催促に来り中に挟まって守田はギックリと当惑し首と腕とを悩まして居るとのこと。

この記事からはいくつかの興味深い事柄が読みとれる。まず、鬼のミイラは首と腕ということである。これは鬼の項目でも触れたが、鬼の部分的ミイラとしてパターン化されたものである。源頼光が酒呑童子の首を刎ね退治したという言い伝えと、渡辺綱が茨木童子の腕を切り落としたという故事から、鬼の首と腕のミイラならば見世物の口上としても納得してもらえるものだったに違いない。この記事のケースでもそれがみてとれる。

さて、記事ではこの鬼のミイラを二五〇円もの大金を出して購入していることがわかるが、それはこれだけの大金をはたいても採算に合うと見込んだからにほかならない。その目算通り、「日々大入を占め目的通りの収入もあり……」と書かれている。それほどに人気があったからこそ、雇い人が千葉のほうにも興行に出ていったのだろう。

この鬼の見世物の三カ月ほど前の明治二三年二月一六日付『東京朝日新聞』にも鬼の見世

物の記事が載っている。「桃太郎の赤本めく話なれど此ほどより牛込通寺町の獅子寺にて日向国延岡神門村佐々木久兵衛が秘蔵の鬼の首といふ諸人に縦覧させて居るに二三日前その鬼の首を取つたとか取らぬとか縦覧人中の争ひ鬼の首を取たとは大層な働らきだと尚念を入れて聞て見ると実は手に取たとか取らぬとかいふ訳であつたと」という笑い話だが、こうしたことが新聞記事になるくらい話題となっていたということからも、この見世物が人気を博していたことがわかる。明治一六（一八八三）年一月一八日の『郵便報知新聞』にも、三重県下での珍奇共進会に人魚のミイラが出品されたとの話題が載っている。幻獣のミイラは注目を浴びることができ、金になる素材なのだ。

海を越える幻獣

寺社や見世物での需要のほかにも幻獣のミイラがつくられる理由があった。その一つが海外へのお土産や輸出用としてである。幕末の開港によって日本に来る欧米人たちは日本のさまざまな事物に関心を示して、自国に持ち帰ったり日本から輸出していった。幻獣のミイラもその一つである。今でも欧米諸国の博物館などに、日本からもたらされた人魚などの幻獣のミイラが所蔵されているが、その数は決して少ないものではなかったようだ。

明治三二（一八九九）年八月九日の『新愛知』にイギリスへ輸出された人魚の話題が掲載されている。「近ごろ日本よりして英国へ人造人魚の輸出多く、始は珍奇なりとて好事家に持囃（もてはや）されしも追々有触（ありふれ）るに従ひ価格も下落し、只今にては骨董店に空しく晒置（さらしおか）るるものも多きが……」とあるように、数多く輸出されたため、最初は珍しがっていた好事家たちも興味を失って骨董屋の店先に晒されているという話だ。ヨーロッパ各国でも多かれ少なかれこういったことだったのだろう。飽きられるくらい大量に、継続的に輸出されていたこともみてとれる。海外への輸出は幻獣ミイラの一大需要先だったといえよう。

家宝のミイラ

幻獣のミイラはその珍しさから一部の金持ちや有力者の家宝としても伝えられたようだ。明治二三（一八九〇）年八月一九日の『東京中新聞』には、人魚のミイラに関する話が載っている。

　下総古河の豪商三村氏が家に伝はれる人魚は丈一尺二三寸位にて永禄四年の四月奥州金華山下の海中にて網に掛りしものの由にて、肩より左右の手の爪先までは人間の骨組に少しも変りなく背より頭までは栗毛にて顔は人に似たれど鼻の上に水を噴く穴あり。腰より以下は魚体にして善く乾燥し居て同家にては之を床の置物とせしを、曩に古河にて藤波言忠氏が同地巡回の節一覧ありて博物館に人魚なきゆゑ帰京の後係り員に語りしに同館より照会によりて此度取寄する事になりたるよし。大木伯の所持なる同品も奥州金華山下の海中にて獲たる者のよし。猟師の言伝へには二百年目には必ず一尾網にかかるといふ。鳴声はザンゴロウと聞えると三村氏の由来書の内に記しあるといふ。

また、明治三三（一九〇〇）年六月六日の『愛媛新報』にも、人魚にちなむ話題がある。

皇太子殿下先年舞子の浜の有栖川宮御別荘に行啓あらせられし時、北畠治房氏秘蔵の人魚を携へて伺候し、殿下に献上せんとしたりしに、黒田東宮武官長は殿下御幼少にましませるに臣民より物品の献上を御受け遊ばさるるは如何とて御諫め申上げ、黒田武官長と北畠氏との争ひとなりしが、殿下は其後同氏の人魚有てることを忘れさせ給はず此度奈良行啓の折奉送に出でたる北畠氏を近く召させられ、微笑を含ませつつ舞子で人魚の話を聞いてから何年になるかとの御下問あり。北畑氏も当時のことを追懐して遽（にわか）に御答辞も出でず、只左様で御座りますナーと申上げしのみなりしかば、御同乗の妃殿下及び有栖川宮両殿下も御笑を帯びさせられたりと。

この二つの新聞記事から、幻獣のミイラが家宝として大切に伝えられていたことがわかる。古河の人魚は、永禄四（一五六一）年に金華山下の海中で捕獲されたという言い伝えもあったようだが、こうした話も幻獣のミイラを神秘的で世にも珍しい宝に仕立て上げるのに一役買っていたのだろう。

幻獣のリアリティー

人魚は八百比丘尼の伝説で象徴されるように、食すると長寿を保つという伝説がある。例えば六四ページのオランダ渡来の人魚にしても、江戸近郊の海辺で発見された人魚にしても、食すと長寿を保つと説明が記されている。人魚を語るときには欠かせないフレーズになっていたのだ。

この伝説は明治時代になっても強く信じられていたようで、明治二四（一八九一）年九月二六日の『扶桑新聞』には、人魚を食したという記事が載っている。

> 対州下県郡豆酘村の近海にて曩頃高千穂丸の引下に従事せし一人の人夫が海中に怪しき魚の居るを見出し、直に魚突器を以て突止め取上げて見れば頭部は全く女児の頭の如く目、鼻、口、耳等の鮮かに具備し其上頭髪もあり手の如きものもありて、純然たる人間に相違なきも、其腹から下は全くの魚類にて色は浅黒く恰かも鯉に似たるものにして、長さは二尺余、腹部の周囲一尺八寸位もありしかば、是れこそ世にいふ人魚なれ之を食へば千歳の齢いを保つことを得るぞとて遂に之を料理して、食ひ尽したるになかなか美味にして兎ても鯛、鯉等の類にあらざりし由。

明治二一（一八八八）年二月一日の『東京絵入新聞』には、医科大学が人魚の分析を実施したとの記事があるが、この人魚は薬種屋が秘蔵していたものである。必ずしも多いとはいえないながら、長寿の秘薬として人魚のミイラが用いられたこともあったと思われる。

このようにみてくると、幻獣のミイラの需要は意外なほどに広かったことがわかる。実際には存在しないにもかかわらず、ミイラそのものにリアリティーがあり、それを支える幻獣づくりの高い技術があったからと考えられる。先に紹介した明治三二年の『新愛知』の記事には、「其製造は実に巧妙にして、猿の頭を乾固めて或る大なる干魚の胴に格合好継合せ素人目には却々其継目が分明と」いった一文もある。まるで実在した人魚がミイラとしてのこされているような説得力があったのだろうことがみてとれる。

先の明治二一年二月一日の『東京絵入新聞』の記事をみてみたい。

此ほど医科大学にて人魚の形象研究をされんと、兼て之を秘蔵してゐる四ツ谷辺の或る薬種屋より借受け研究せられたるよし。其模様を聞に同魚は数十年を経しものなれば全体の色沢は判らねど体の骨組と頭とを比ぶれば決して遊泳るるものに非ずと。依て再び動物に就て験したるに身体は全く鯉の骨にして頭の骨は猿猴を箝たるものにてありしと。又別に是も某家で秘蔵の人魚を試みたるに、矢張り頭は猿にて体は魴々と鯡を共に接継したるものにてありしと。然すれば人魚は全く拵へもので実地に無いものと思はるるに、昔は火防に効ありて火事の時には水を吹くとかにて右の四ツ谷のは或る二三の諸侯で特効を賞したる極め紙ありと云ふ。

人魚が何であるかを医科大学が研究したということは、裏をかえせばそうした研究なしにはどのようなものかが判然としなかったということでもある。幻獣のミイラづくりの技術の高さがわかるが、それほどまでに精緻な幻獣をつくりあげるモチベーションを職人たちが持っていたことでもある。その大きな要因は、幻獣のミイラが高額で取引されていたからだろう。こうした需要と供給の関係がバランスよく保たれて、長きにわたって幻獣のミイラが存在し続けたのだろう。

信仰と見世物の間

しかし、近代化が進むなかで幻獣ミイラの需要は少なくなり、それを手がける職人もいなくなっていったと思われる。現在まで伝わる幻獣ミイラの多くは、寺社に所蔵されているものであり、見世物に供された幻獣はほとんどのこされていない。寺社では由来なども伝えられて宝物として大切に保管されてきた幻獣たちも、見世物では単なる客を呼びこむための道具であり、見世物自体が廃(すた)れてしまう時代の移り変わりのなかで、無用の長物として処分されてしまったケースが多かったからだろう。寺社にあったものが何かの理由で見世物に供せられるようになったり、見世物として使われていたものが寺社に納められたりといったこともあったに違いない。

和歌山県の御坊市歴史民俗資料館の烏天狗のミイラは、厨子(ずし)に入り、その厨子ごと笈(おい)のなかに納められていた。これは修験者が信仰を広めるために背負って各地を回るためで、この烏天狗がどのようなかたちで信仰の対象として使われていたかを知ることのできる貴重な資料だ。しかし、このミイラは後には見世物的にも利用されたといわれる。笈で背負って持ち歩くことができれば、見世物としても好都合であったろう。いっぽう、大分県宇佐市四日市の十宝山大乗院に祀られている鬼のミイラは多くの人に信仰されているが、この鬼は最初から大乗院に伝わっていたものではない。この鬼の所有者が身辺に悪いことばかりが起こるので寺に納めたものだが、その所有者も大金を積んで譲り受けた代物で、もともとは見世物などに供されていたのだろう。

このように、信仰、見世物、輸出、家宝などとミイラの需要はさまざまだったが、それは決して永続的なものではなく、信仰の対象となっていたものが見世物に登場したり、その逆のケースがあったりしたのだ。

そうした動向からも、人々の幻獣に対する思いの一端は窺える。それは、幻獣を単に即物的に珍奇なものと扱っていないことである。信仰は廃れて見世物的に扱われても、そもそもの烏天狗のミイラの由来は語られたであろうし、厄災がもたらされたと信じた人によって鬼のミイラは寺に奉納されたのだ。そこには少なからず幻獣に対する信仰が垣間見える。幻獣のミイラたちはこうした思いを引きずりながら伝えられてきたといえよう。

ただし、次第に信仰という側面が薄れていったという事実は否定できない。別府にあった八幡地獄の怪物館には、鬼、河童、件（くだん）、鵺（ぬえ）などの幻獣が展示されていて名物となっていた。これなどは、いわば幻獣だけの常設見世物小屋といったところだろう。怪物館では種々の絵葉書も販売していた。図4は河童と子牛（件）を紹介したもの、図5は鬼と人魚と鵺を紹介

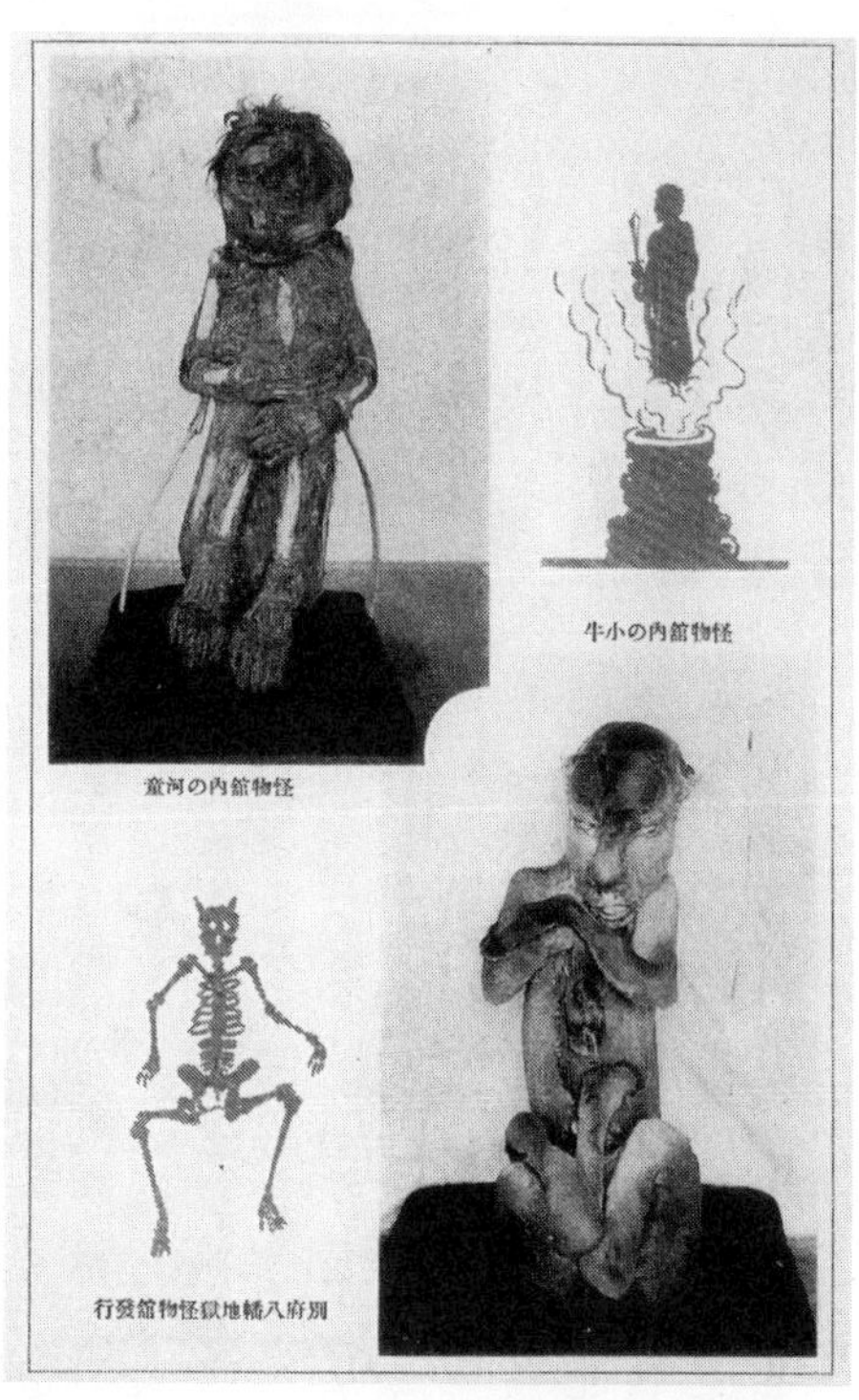

図4

した絵葉書だが、こうしたもののほかに幻獣を一つ一つ紹介している絵葉書もあり、いろいろな種類が出されていたことがわかる。怪物館は昭和三〇年代に閉鎖されたが、そのころには幻獣を信じたり、信仰心でみていた人は皆無に近かったことだろう。彼ら幻獣はただ好奇の目に晒されていたに過ぎなかったのだ。

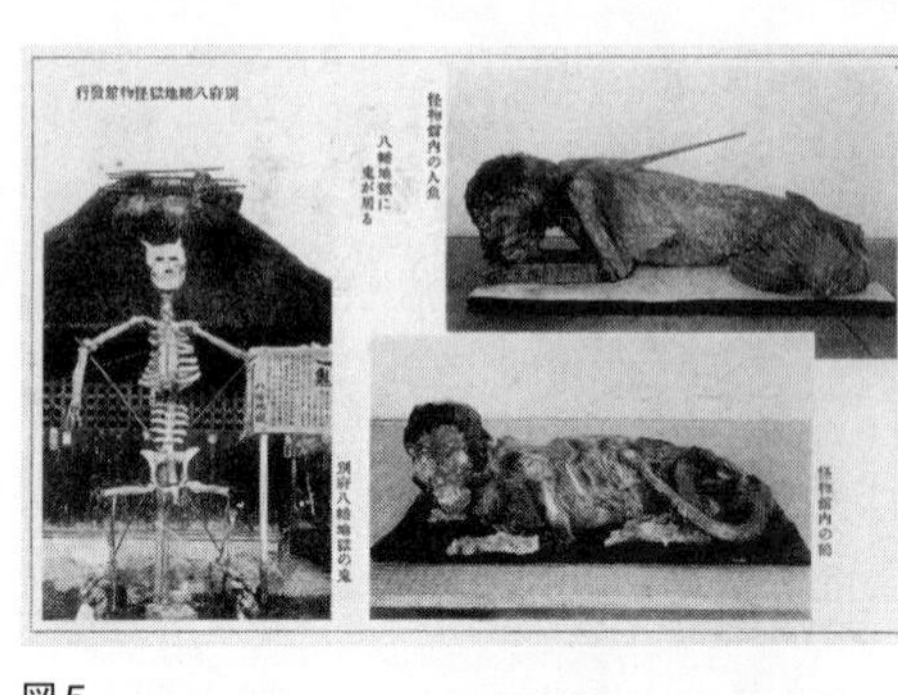

図5

私は怪物館の幻獣たちがその後、どのような運命をたどったのかが知りたくて怪物館の経営者を捜したことがある。ご本人はすでに亡くなっておられたが、ご家族のお話によると、幻獣たちは燃やされるなどして廃棄されていたことがわかった。これらの幻獣は怪物館開館のために作らせたのではなく、あちこちから買い集めたものだったことも教えてもらった。

幻獣の人気

朝倉無声著『見世物研究』に「江戸で見せた雷獣は、明和二年版本『震雷記』に拠ると、七月の下旬に相州雨降山に落雷したが、其時共に落ちた一奇獣を土人が生捕りにした。貌は鼬（いたち）に似て色少し黒く、長さ頭から尾まで二尺五六寸であつた。此獣晴天の時は温柔であるが、曇天の時は躁動して近づく事が出来ないといふ。これを籠に入れて江戸へ持来り、両国で見世物としたのであるが、余（後藤梨春）も之を見て真を写したとある。抑も雷獣は古くから云伝へたのみで、其実物を見た者は絶えてなかつた所から、両国橋附近は見物の群衆で、時ならぬ賑ひであった」との記述があるが、これからも江戸時代の人々の幻獣に対する強い好奇心をみることができる。

その目は珍奇な代物としての雷獣へ向けられており、祈りや信仰の対象とはなっていない。そして、その好奇心が「見物の群衆で、時ならぬ賑ひ」といわれるほどだったのである。幻獣は見世物興行主にとって大きな魅力だった。

明治一四（一八八一）年一二月二一日の『朝野新聞』には、人魚に関するつぎのような記事が載っている。「鹿児島よりの報に、河野党の私学校は開校以来もっぱら撃剣を励み、門人も随分多々ある由。また先月中旬谿山郷の漁人が、長さ二尺余の人魚を捕え得て、家に持ち帰り養いおけるを聞き伝えて、諸方より見物に出掛くるゆえ、漁人は一人前八厘ずつの見料を取り、この頃は稼業もなさず安臥して暮らし居るという」

人魚をみせる収入で、仕事もしないで暮らしている男の様子が伝わってくるが、見世物興行でなくともこれだけ人を惹きつけることができたのだ。ましてやそれを商売としていたら大きな利益が得られるということであろう。

図6は浅草公園の珍世界のチラシだ。そこには「古代ノ珍怪　大キサ人間ニ同ジ」との説明で痩せた不思議な生き物のミイラが描かれていたり、「大天狗ノ頭」「龍宮ノ鶏」「両頭怪物みいら」といった幻獣とおぼしきものが、ほかの珍物とともに紹介されている。このチラシをみると「教育ノ好参考　天下ノ珍奇　六百余点ニ達ス」とあり、「日本一大声発音機」「孔子ノ大銅像」「左甚五郎ノゑびす大黒」「万国貨幣概覧」といった類に加えて、「変幻光線」「X光線」といったものまでごちゃ混ぜで、そのなかに幻獣も含まれていたことがわか

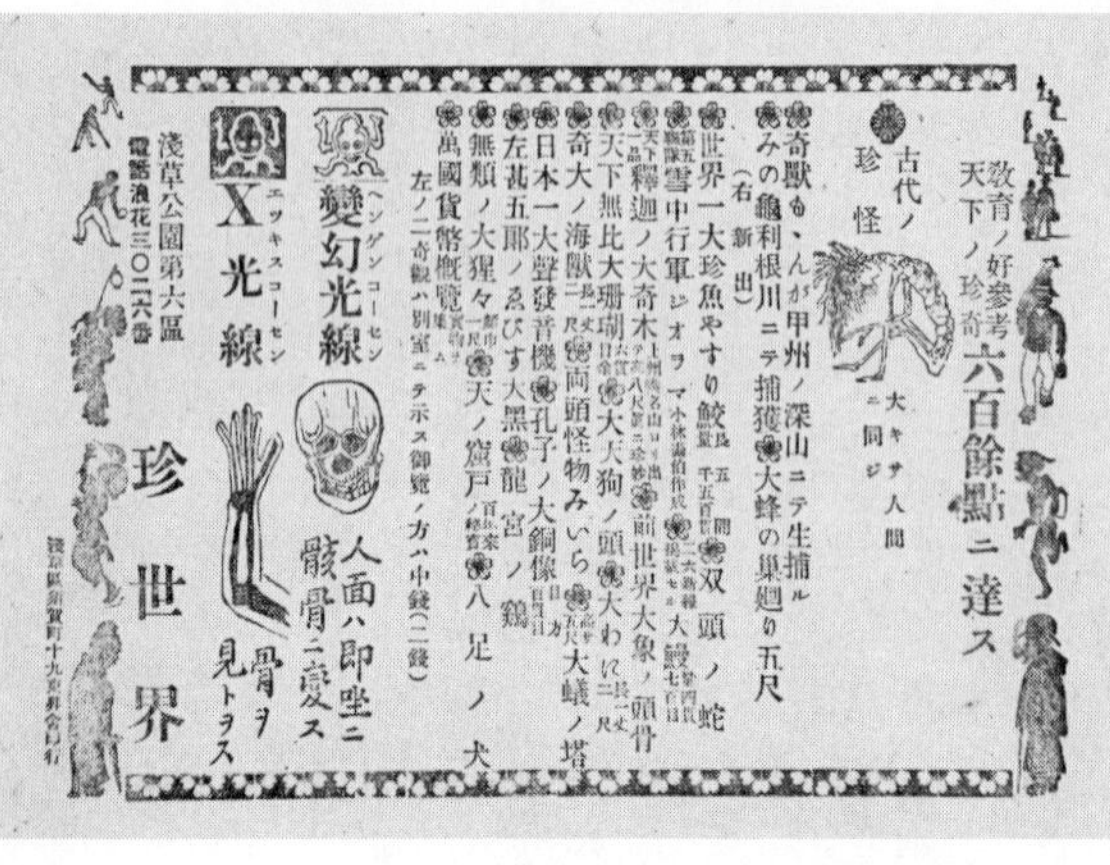

図6

る。これなども、怪物館と同じような幻獣ミイラの使われようなのだ。

そうした需要を支える見世物は、江戸時代だけでなく明治以降も庶民のささやかな楽しみとして栄えた。明治一〇（一八七七）年四月二八日の『朝野新聞』は神田佐久間町の見世物街の活況を紹介しているが、そこにはさまざまな見世物小屋が店を開き、見世物見物に来る客を目当てに水茶屋、楊弓場、新聞縦覧所なども集まって一大繁華街となっていった様子を、つぎのように描いている。

其観場ノ多ク看客日ニ群ヲ為スヲ以テ、水茶屋モ出来、楊弓場モ出来、餅ナリ鮨ナリ菓子ナリ甘酒ナリ、凡百ノ食物ヨリ小児ノ玩物ニ至ル迄之レヲ鬻（ひさ）グ者其間ニ錯雑ス。嗚呼何ゾ其レ出稼ギノ多キヤ。今日市人ハ尽ク不景気々々々ト称セザルナシ。然レドモ此間ニ至レバ独リ繁昌ノ驚クベキヲ見ルノミ。従来府下観物ノ多キハ浅草奥山ヲ以テ第一トナセリ。近年煉化石ノ間モ亦一時許多ノ観場ヲ現出セシガ、今尽ク此地ニ輻湊シ、荒蕪寂寞ノ地ヲシテ庭カニ繁昌鬧熱ノ域タラシメタリ。

神田佐久間町に限らず、浅草奥山などの見世物の賑わいぶりが窺える。こうした状況が幻獣たちの活躍の場でもあったのだ。

こうしてみてくると、幻獣やそのミイラはさまざまな役回りをさせられてきたということがわかる。それは時代と、そこに生きる人々の要請でもあったのだ。

現代に生きる幻獣

幻獣は決して過去の話ではない。ツチノコ出現騒動がテレビや新聞の話題となったことは何回もあり、江戸時代からの幻獣がいまだに伝えられていることがわかる。また、河童を目撃したという噂もあったりして、幻獣への興味は衰えることがないようだ。かくて、鹿児島県指宿市の池田湖で目撃されたイッシー、北海道の屈斜路湖に出現したクッシー、広島県西城町の比婆山に棲むといわれるヒバゴンなどの新たな未確認生物も登場して話題の的となったりする。こうした騒動を利用して観光に力を入れたり、さまざまなグッズを売り出すなどの町おこし運動が熱を帯びるのはいかにも現代的だが、その人気の裏には未知の幻獣や未確認生物へのロマンがあるのだろう。

二〇〇四年夏に開催した「日本の幻獣――未確認生物出現録」展にはお年寄りから小学生まで多くの人が全国各地から観覧に来るといった状況で、会期中に販売したアマビコやアリエのフィギュアやストラップは製造が追いつかないほどの売れ行きだった。

また、昭和一〇（一九三五）年の「海の怪物」の見世物チラシに書かれた「頭部が鯨、胴体がコウモリ、足が人間、尻尾が獣、重さが一八〇貫目（約六七五キログラム）、大きさが一間二尺（約二・四メートル）、横幅が二間三尺（約四・五メートル）、飛行機のような格好で、水中、空中、陸上を自由に動ける怪獣」という情報をもとに、この怪獣の想像図を募集したところ、大人から子どもまで力作が多数送られて来た。そして、半信半疑ながら多くの人たちが河童や鬼、天狗、人魚、龍、雷獣のミイラを熱心に見入る姿から、幻獣たちは現代人の心のなかにも息づいていることを確信した。

しかし、そこには幻獣に対する恐れや祈りは全く感じられない。時代とともに幻獣に対する人々の意識は少しずつ変化していくのだろう。こうした幻獣観の変質も時代の反映にほかならない。予言獣の言葉に耳を傾けて身を守るようなことは現代社会ではあり得ないのだろうが、いっぽうでは地球以外にも存在するといわれる生命体への関心は根強いものがある。中国の『山海経』は異国の地に棲むといわれる幻獣などを想像を逞しくして描いたが、それは現代における地球外生命体への関心と相通じるものだったのではないだろうか。

幻獣たちは決して絶滅することはないであろう。

図版所蔵者一覧

京都大学附属図書館：肥後国海中の怪　2章図7
国立歴史民俗博物館：摺物（海中の人の予言）「越後の国に光り物出て女の声にて人を呼ぶ…」　2章図16
御坊市教育委員会：烏天狗のミイラ　1章図25
西生寺：雷獣のミイラ　1章図51
志岐八幡宮：河童の手　1章図7
東北大学附属図書館：『姫国山海録』口絵9／口絵10／三章図28／図29／図30／図31／図32／図33
徳川林政史研究所：瓦版竹熊手4―8「件云獣」　2章図1
福井県立図書館：「海彦」の図（坪川家文書「越前国主記」より）2章図8
福岡市博物館（画像提供：福岡市博物館／DNPartcom）：怪奇談絵詞　口絵8／3章図20／図21／図22／図23／図24
佛現寺：天狗の詫び証文　1章図24／天狗の髭　1章図26
法雲寺：天狗の爪　1章図28／龍の骨　1章図46
村田町歴史みらい館：鬼退治伝説の遺品（鬼のミイラ）　1章図16
蓮城寺：龍の尾　1章図47

早稲田大学演劇博物館：瓦版「安田文庫貼込帖　人魚之図、一名、海雷」（イ11―01346―079―45）　1章図42／山童　2章図13

山名隆三：瓦版「阿蘭陀渡り人魚の図」　1章図38

その他の写真・図版については、湯本豪一記念日本妖怪博物館（三次もののけミュージアム）にご提供いただきました。

以上の個人、諸機関に厚く御礼申し上げます。

本書の原本『日本幻獣図説』は、二〇〇五年に
河出書房新社から刊行されました。

湯本豪一（ゆもと　こういち）

1950年生まれ。妖怪研究・蒐集家。法政大学大学院（日本史学）修士課程修了。川崎市市民ミュージアム学芸員，学芸室長を歴任。現在，湯本豪一記念日本妖怪博物館（三次もののけミュージアム）名誉館長。同館に膨大なコレクションを寄贈している。『百鬼夜行絵巻』『江戸の妖怪絵巻』『妖怪百物語絵巻』『怪異妖怪記事資料集成』など著書多数。

定価はカバーに表示してあります。

日本幻獣図説（にほんげんじゅうずせつ）

湯本豪一（ゆもとこういち）

2023年３月７日　第１刷発行

発行者　鈴木章一

発行所　株式会社講談社

東京都文京区音羽 2-12-21 〒112-8001

電話　編集（03）5395-3512

販売（03）5395-4415

業務（03）5395-3615

装　幀　蟹江征治

印　刷　株式会社ＫＰＳプロダクツ

製　本　株式会社国宝社

本文データ制作　講談社デジタル製作

© Koichi Yumoto　2023　Printed in Japan

落丁本・乱丁本は，購入書店名を明記のうえ，小社業務宛にお送りください。送料小社負担にてお取替えします。なお，この本についてのお問い合わせは「学術文庫」宛にお願いいたします。

本書のコピー，スキャン，デジタル化等の無断複製は著作権法上での例外を除き禁じられています。本書を代行業者等の第三者に依頼してスキャンやデジタル化することはたとえ個人や家庭内の利用でも著作権法違反です。Ⓡ〈日本複製権センター委託出版物〉

ISBN978-4-06-530785-4

「講談社学術文庫」の刊行に当たって

これは、学術をポケットに入れることをモットーとして生まれた文庫である。学術は少年の心を養い、成年の心を満たす。その学術がポケットにはいる形で、万人のものになることは、生涯教育をうたう現代の理想である。

こうした考え方は、学術を巨大な城のように見る世間の常識に反するかもしれない。また、一部の人たちからは、学術の権威をおとすものと非難されるかもしれない。しかし、それはいずれも学術の新しい在り方を解しないものといわざるをえない。

学術は、まず魔術への挑戦から始まった。やがて、いわゆる常識をつぎつぎに改めていった。学術の権威は、幾百年、幾千年にわたる、苦しい戦いの成果である。こうしてきずきあげられた城が、一見して近づきがたいものにうつるのは、そのためである。しかし、学術の権威を、その形の上だけで判断してはならない。その生成のあとをかえりみれば、その根は常に人々の生活の中にあった。学術が大きな力たりうるのはそのためであって、生活をはなれた学術は、どこにもない。

開かれた社会といわれる現代にとって、これはまったく自明である。生活と学術との間に、もし距離があるとすれば、何をおいてもこれを埋めねばならない。もしこの距離が形の上の迷信からきているとすれば、その迷信をうち破らねばならぬ。

学術文庫は、内外の迷信を打破し、学術のために新しい天地をひらく意図をもって生まれた。文庫という小さい形と、学術という壮大な城とが、完全に両立するためには、なおいくらかの時を必要とするであろう。しかし、学術をポケットにした社会が、人間の生活にとってより豊かな社会であることは、たしかである。そうした社会の実現のために、文庫の世界に新しいジャンルを加えることができれば幸いである。

一九七六年六月　　　　　　　　　　　野間省一

文化人類学・民俗学

年中行事覚書
柳田國男著（解説・田中宣一）

人々の生活と労働にリズムを与え、共同体内に連帯感を生み出す季節の行事。それらなつかしき習俗・行事の数々に民俗学の光をあて、隠れた意味や成り立ちを探る。日本農民の生活と信仰の核心に迫る名著。

124

妖怪談義
柳田國男著（解説・中島河太郎）

河童や山姥や天狗等、誰でも知っているのに、実はよく知らないこれらの妖怪たちを追究してゆくと、正史に現われない、国土にひそむ歴史の真実をかいまみることができる。日本民俗学の巨人による先駆的業績。

135

中国古代の民俗
白川　静著

未開拓の中国民俗学研究に正面から取り組んだ労作。著者独自の方法論により、従来知られなかった中国民族の生活と思惟、習俗の固有の姿を復元、日本古代の民俗的事実との比較研究にまで及ぶ画期的な書。

484

南方熊楠（みなかたくまぐす）
鶴見和子著（解説・谷川健一）

南方熊楠——この民俗学の世界的巨人は、永らく未到のままに聳え立ってきたが、本書の著者による満身の力をこめた独創的な研究により、ようやくその全体像を現わした。〈昭和54年度毎日出版文化賞受賞〉

528

魔の系譜
谷川健一著（解説・宮田　登）

正史の裏側から捉えた日本人の情念の歴史。死者の魔が生者を支配するという奇怪な歴史の底流に目を向け、呪術師や巫女の発生、呪詛や魔除けなどを通して、日本人特有の怨念を克明に描いた魔の伝承史。

661

塩の道
宮本常一著（解説・田村善次郎）

本書は生活学の先駆者として生涯を貫いた著者最晩年の貴重な話——「塩の道」「日本人と食べ物」「暮らしの形と美」の三点を収録。独自の史観が随所に読みとれ、宮本民俗学の体系を知る格好の手引書。

677

文化人類学・民俗学

吉田敦彦著
日本神話の源流
日本文化は「吹溜まりの文化」である。大陸、南方諸島、北方の三方向から日本に移住した民族、伝播した文化がこの精神風土を作り上げた。世界各地の神話と日本神話を比較して、その混淆の過程を探究する。

1820

小松和彦著
日本妖怪異聞録
妖怪は山ではなく、人間の心の中に棲息している。滅ぼされた民と神が、鬼になった。酒呑童子、妖狐、天狗、魔王・崇徳上皇、鬼女、大嶽丸、つくも神……。日本文化史の裏で蠢いた魔物たちに託された闇とは？

1830

吉野裕子著
山の神　易・五行と日本の原始蛇信仰
蛇と猪。なぜ山の神はふたつの異なる神格を持つのか？神島の「ゲーターサイ」、熊野・八木山の「笑い祭り」などの祭りや習俗を渉猟し、山の神にこめられた意味と様々な要素が絡み合う日本の精神風土を読み解く。

1887

波平恵美子著
ケガレ
日本人の民間信仰に深く浸透していた「不浄」の観念とは？　死＝黒不浄、出産・月経＝赤不浄、罪や病等、さまざまな民俗事例に現れたケガレ観念の諸相を丹念に追い、信仰行為の背後にあるものを解明する。

1957

B・マリノフスキ著／増田義郎訳（解説・中沢新一）
西太平洋の遠洋航海者　メラネシアのニュー・ギニア諸島における、住民たちの事業と冒険の報告
物々交換とはまったく異なる原理でうごく未開社会のクラ交易。それは魔術であり、芸術であり、人生の冒険である。原始経済の意味を問い直し、「贈与する人」の知恵を探求する人類学の記念碑的名著！

1985

J・G・フレーザー著／吉岡晶子訳／M・ダグラス監修／S・マコーマック編集
図説　金枝篇（上）（下）
イタリアのネミ村の「祭司殺し」と「聖なる樹」の謎を解明すべく四十年を費して著された全13巻のエッセンス。民族学の必読書であり、難解さでも知られるこの書を、二人の人類学者が編集した［図説・簡約版］。

2047・2048

《講談社学術文庫　既刊より》